杭州优秀传统文化丛书

Hangzhou Youxiu Chuantong Wenhua Congshu

怒涛卷霜雪

疯丢子 —— 著

杭州出版社

图书在版编目（CIP）数据

怒涛卷霜雪 / 疯丢子著 . —— 杭州：杭州出版社，
2022.1

（杭州优秀传统文化丛书）

ISBN 978-7-5565-1707-7

Ⅰ . ①怒… Ⅱ . ①疯… Ⅲ . ①军事史—杭州 Ⅳ
① E289.551

中国版本图书馆 CIP 数据核字（2021）第 278467 号

Nutao Juan Shuang Xue

怒涛卷霜雪

疯丢子　著

责任编辑	李竹月
装帧设计	章雨洁
美术编辑	祁睿一
责任校对	陈铭杰
责任印务	姚　霖
出版发行	杭州出版社（杭州市西湖文化广场32号6楼） 电话：0571-87997719　邮编：310014 网址：www.hzcbs.com
排　　版	浙江时代出版服务有限公司
印　　刷	天津画中画印刷有限公司
经　　销	新华书店
开　　本	710 mm×1000 mm　1/16
印　　张	13.25
字　　数	163千
版 印 次	2022年1月第1版　2022年1月第1次印刷
书　　号	ISBN 978-7-5565-1707-7
定　　价	58.00元

序　言

文化是城市最高和最终的价值

　　我们所居住的城市，不仅是人类义明的成果，也是人们日常生活的家园。各个时期的文化遗产像一部部史书，记录着城市的沧桑岁月。唯有保留下这些具有特殊意义的文化遗产，才能使我们今后的文化创造具有不间断的基础支撑，也才能使我们今天和未来的生活更美好。

　　对于中华文明的认知，我们还处在一个不断提升认识的过程中。

　　过去，人们把中华文化理解成"黄河文化""黄土地文化"。随着考古新发现和学界对中华文明起源研究的深入，人们发现，除了黄河文化之外，长江文化也是中华文化的重要源头。杭州是中国七大古都之一，也是七大古都中最南方的历史文化名城。杭州历时四年，出版一套"杭州优秀传统文化丛书"，挖掘和传播位于长江流域、中国最南方的古都文化经典，这是弘扬中华优秀传统文化的善举。通过图书这一载体，人们能够静静地品味古代流传下来的丰富文化，完善自己对山水、遗迹、书画、辞章、工艺、风俗、名人等文化类型的认知。读过相关的书后，再走进博物馆或观赏文化景观，看到的历史遗存，将是另一番面貌。

　　过去一直有人在质疑，中国只有三千年文明，何谈五千年文明史？事实上，我们的考古学家和历史学者一直在努力，不断发掘的有如满天星斗般的考古成果，实证了五千年文明。从东北的辽河流域到黄河、长江流域，特别是杭州良渚古城遗址以 4300—5300 年的历史，以夯土高台、合围城墙以及规模宏大的水利工程等史前遗迹的发现，系统实证了古国的概念和文明的诞生，使世人确信：这里是古代国家的起源，是重要的文明发祥地。我以前从来不发微博，发的第一篇微博，就是关于良渚古城遗址的内容，喜获很高的关注度。

　　我一直关注各地对文化遗产的保护情况。第一次去良渚遗址时，当时正在开展考古遗址保护规划的制订，遇到的最大难题是遗址区域内有很多乡镇企业和临时建筑，环境保护问题十分突出。后来再去良渚遗址，让我感到一次次震撼：那些"压"在遗址上面的单位和建筑物相继被迁移和清理，良渚遗址成为一座国家级考古遗址公园，成为让参观者流连忘返的地方，把深埋在地下的考古遗址用生动形象的"语言"展示出来，成为让普通观众能够看懂、让青少年学生也能喜欢上的中华文明圣地。当年杭州提出西湖申报世界文化遗产时，我认为是一项需要付出极大努力才能完成的任务。西湖位于蓬勃发展的大城市核心区域，西湖的特色是"三面云山一面城"，三面云山内不能出现任何侵害西湖文化景观的新建筑，做得到吗？十年申遗路，杭州市付出了极大的努力，今天无论是漫步苏堤、白堤，还是荡舟西湖里，都看不到任何一座不和谐的建筑，杭州做到了，西湖成功了。伴随着西湖申报世界文化遗产，杭州城市发展也坚定不移地从"西湖时代"迈向了"钱塘江时代"，气势磅礴地建起了杭州新城。

从文化景观到历史街区，从文物古迹到地方民居，众多文化遗产都是形成一座城市记忆的历史物证，也是一座城市文化价值的体现。杭州为了把地方传统文化这个大概念，变成一个社会民众易于掌握的清晰认识，将这套丛书概括为城史文化、山水文化、遗迹文化、辞章文化、艺术文化、工艺文化、风俗义化、起居文化、名人文化和思想文化十个系列。尽管这种概括还有可以探讨的地方，但也可以看作是一种务实之举，使市民百姓对地域文化的理解，有一个清晰完整、好读好记的载体。

传统文化和文化传统不是一个概念。传统文化背后蕴含的那些精神价值，才是文化传统。文化传统需要经过学者的研究提炼，将具有传承意义的传统文化提炼成文化传统。杭州在对丛书作者写作作了种种古为今用、古今观照的探讨交流的同时，还专门增加了"思想文化系列"，从杭州古代的商业理念、中医思想、教育观念、科技精神等方面，集中挖掘提炼产生于杭州古城历史中灵魂性的文化精粹。这样的安排，是对传统文化内容把握和传播方式的理性思考。

继承传统文化，有一个继承什么和怎样继承的问题。传统文化是百年乃至千年以前的历史遗存，这些遗存的价值，有的已经被现代社会抛弃，也有的需要在新的历史条件下适当转化，唯有把传统文化中这些永恒的基本价值继承下来，才能构成当代社会的文化基石和精神营养。这套丛书定位在"优秀传统文化"上，显然是注意到了这个问题的重要性。在尊重作者写作风格、梳理和讲好"杭州故事"的同时，通过系列专家组、文艺评论组、综合评审组和编辑部、编委会多层面研读，和作者虚心交流，努力去粗取精，古为今用，这种对文化建设工作的敬畏和温情，值得推崇。

人民群众才是传统文化的真正主人。百年以来，中华传统文化受到过几次大的冲击。弘扬优秀传统文化，需要文化人士投身其中，但唯有让大众乐于接受传统文化，文化人士的所有努力才有最终价值。有人说我爱讲"段子"，其实我是在讲故事，希望用生动的语言争取听众。今天我们更重要的使命，是把历史文化前世今生的故事讲给大家听，告诉人们古代文化与现实生活的关系。这套丛书为了达到"轻阅读、易传播"的效果，一改以文史专家为主作为写作团队的习惯做法，邀请省内外作家担任主创团队，组织文史专家、文艺评论家协助把关建言，用历史故事带出传统文化，以细腻的对话和情节蕴含文化传统，辅以音视频等其他传播方式，不失为让传统文化走进千家万户的有益尝试。

中华文化是建立于不同区域文化特质基础之上的。作为中国的文化古都，杭州文化传统中有很多中华文化的典型特征，例如，中国人的自然观主张"天人合一"，相信"人与天地万物为一体"。在古代杭州老百姓的认知里，由于生活在自然天成的山水美景中，由于风调雨顺带来了富庶江南，勤于劳作又使杭州人得以"有闲"，人们较早对自然生态有了独特的敬畏和珍爱的态度。他们爱惜自然之力，善于农作物轮作，注意让生产资料休养生息；珍惜生态之力，精于探索自然天成的生活方式，在烹饪、茶饮、中医、养生等方面做到了天人相通；怜惜劳作之力，长于边劳动，边休闲娱乐和进行民俗、艺术创作，做到生产和生活的和谐统一。如果说"天人合一"是古代思想家们的哲学信仰，那么"亲近山水，讲求品赏"，应该是古代杭州人的生动实践，并成为影响后世的生活理念。

再如，中华文化的另一个特点是不远征、不排外，这体现了它的包容性。儒学对佛学的包容态度也说明了这一点，对来自远方的思想能够宽容接纳。在我们国家的东西南北甚至是偏远地区，老百姓的好客和包容也司空见惯，对异风异俗有一种欣赏的态度。杭州自古以来气候温润、山水秀美的自然条件，以及交通便利、商贾云集的经济优势，使其成为一个人口流动频繁的城市。历史上经历的"永嘉之乱，衣冠南渡"，"安史之乱，流民南移"，特别是"靖康之变，宋廷南迁"，这三次北方人口大迁移，使杭州人对外来文化的包容度较高。自古以来，吴越文化、南宋文化和北方移民文化的浸润，特别是唐宋以后各地商人、各大商帮在杭州的聚集和活动，给杭州商业文化的发展提供了丰富营养，使杭州人既留恋杭州的好山好水，又能用一种相对超脱的眼光，关注和包容家乡之外的社会万象。这种古都文化，也代表了中华文化的包容性特征。

城市文化保护与城市对外开放并不矛盾，反而相辅相成。古今中外的城市，凡是能够吸引人们关注的，都得益于与其他文化的碰撞和交流。现代城市要在对外交往的发展中，进行长期和持久的文化再造，并在再造中创造新的文化。杭州这套丛书，在尽数杭州各色传统文化经典时，有心安排了"古代杭州与国内城市的交往""古

代杭州和国外城市的交往"两个选题，一个自古开放的
城市形象，就在其中。

"杭州优秀传统文化丛书"在传统和现代的结合上，
想了很多办法，做了很多努力，他们知道传统文化丛书
要得到广大读者接受，不是件简单的事。我们已经走在
现代化的路上，传统和现代的融合，不容易做好，需要
扎扎实实地做，也需要非凡的创造力。因为，文化是城
市功能的最高价值，也是城市功能的最终价值。从"功
能城市"走向"文化城市"，就是这种质的飞跃的核心
理念与终极目标。

2020 年 9 月

（单霁翔，中国文物学会会长）

千里江山图（局部）

目　录

第一章

越王城山：淡泊名利的扫地僧

吴越角逐，江河湖海难解世仇

公元前494年，春秋已至尾声，战国的硝烟渐起，于此时便已经有了一丝呛人的气息。

勾践坐在越王城山的山顶，远眺茫茫江水东流，恍惚间只觉得山下浮光掠影树动叶摇，仿佛就是夫差那十万大军在朝他招手。

哦，不是仿佛，山下确实有十万吴国大军等着他。而他，手头只剩下五千个疲惫不堪的将士。

实力悬殊之大，他都要怀疑自己到底是不是一国之主。可不管怎么逃避，他都不得不承认，纵使此时落魄仓皇，他的肩上，依然背负着一个国家的兴衰使命，这觉悟如此清晰，在此时让他感到甜蜜又忧伤，他忍不住叹了口气。

事情怎么会变成这样呢？

"我真的错了吗？"他如此呢喃，似在问一旁的侍从，又似在问自己。

公元前 496 年，哦不，也许是更久远前。

在夫差的父亲阖闾的治理下，吴国迅速崛起，这着实让隔壁的越国心惊。彼时越国偏安一隅，看似缩在一角遥望中原打成一团，其实蠢蠢欲动之心从未平息。却不承想那个公子光横空出世，派专诸刺吴王僚夺位后，竟然展现出了惊人的雄才大略。越国几乎是眼睁睁地看着曾经与自己在同一起跑线的吴国崛起。

吴、越毗邻，以浙江（今称钱塘江）为界，两国河川交错，又都以舟师著称，常为争江湖之利而起冲突。吴国大夫伍子胥就曾对吴王夫差说过，吴与越"接地邻境，道径通达，仇雠敌战之邦""非吴有越，越必有吴"，吴越两国是仇敌，有你没我，有我没你。越国自然有同感，越国的大夫范蠡说过"吴越二邦，同气共俗，地户之位，非吴则越"，意思是吴越二国虽然习性相近，但是卧榻之侧，岂容他人酣睡，咱可做不成相亲相爱的邻居。伍子胥和范蠡皆是后世留名的人，其话语的分量可想而知。

加之当时诸侯争霸，与两国共同交界的楚国为了牵制吴国，与越国联盟，搞得吴国如坐针毡，这自然加剧了吴越之间的冲突。

周敬王十四年（前 506），勾践之父——越王允常为了防范吴国的进攻，命范蠡在浙江口之南岸筑起了固陵城，用以屯扎水军，时刻准备与吴国对抗。

固陵城，位于今杭州萧山，正是今天的越王城山所在。

越王城山，海拔 140 米，北临白马湖，南面湘湖，接钱塘江北海塘，易守难攻，是一处绝佳的兵家必争之地。

范蠡领命，当即在越王城山上筑造起了固陵城，城体主要由夯土浇筑，顺山势依次而建，整体呈东西走向的梯形。面向湘湖有一山谷，有一石筑城垣，名为"马门"，此乃城门之地，是当时自湘湖而上进入城中的唯一通道，地势十分险要，颇有些"一夫当关，万夫莫开"的架势。

越王允常筑固陵城本是为了防备吴国，谁料固陵城筑好以后，吴国却迟迟没有动静。周敬王二十三年（前497），越王允常死，是年，其子勾践即位。周敬王二十四年（前496），吴王阖闾趁越王允常之丧，想欺负一下隔壁的新手勾践，悍然起兵伐越。

勾践能名垂青史，自然不是好欺负的。

两军在槜李（今属嘉兴）对阵，生逢乱世，双方皆是百战之兵，一时僵持不下。越王勾践屡次派出敢死队进攻吴军，都被吴军擒杀。于是勾践令死囚排成三行，各负剑于颈，行至吴军阵前齐声高喊后自杀，吴军见状大惊，越军趁机在此时发动攻击偷袭吴军，致使吴军大败。混乱中，吴王阖闾被越将灵姑浮挥戈刺伤，断了脚趾，在退军途中不治身亡。此战越国大胜，勾践一时春风得意，风头无两。

然而冤冤相报何时了，死了吴王阖闾，又来了其子吴王夫差，杀父之仇不共戴天，那边越国锣鼓喧天，这边夫差积极备战，日夜练兵，以图再次伐越，报仇雪恨。

这一准备，就是三年。

"唉……"勾践坐在山头，望着远处银练一样的江水，长叹一声，"当初就该听范蠡的。"

世道轮回，周敬王二十六年（前 494），听闻夫差在积极备战的勾践也坐不住了，坐以待毙不是他的性格，更何况有了之前檇李之战的加持，他认定此次有必胜之把握。勾践准备在夫差尚未准备万全之时，先下手为强，将吴国进攻的火苗掐灭在熊熊燃起之前。

然而范蠡却并不看好他的这一举动，百般劝诫。《史记》有载，范蠡阻止勾践时说："臣闻兵者凶器也，战者逆德也，争者事之末也。阴谋逆德，好用凶器，试身于所末，上帝禁之，行者不利。"如此一看，也算苦口婆心了，然而勾践之意已决，就是不听。

勾践终究还是先动手了，他亲率水军三万、战船数百艘，出固陵、经钱塘（今杭州）、入苕溪，直驱震泽（濒太湖）。吴王夫差自然得到了消息，征发全部水陆军迎战，双方在夫椒山（今太湖洞庭西山）展开激战。越军大败，当初致吴王阖闾伤重而死的越将灵姑浮战死，军队伤亡惨重，只能一路溃败，一直被追到了江上。

此时固陵城就在身后，勾践又不甘心，恰好此刻转了风向，他立刻领兵反击，以石买为将，与吴军战于江上，一度战胜了吴军。然而双方终究兵力悬殊，还有石买带兵之时竟然虐待士卒，越军忍无可忍之下发生哗变，"越师溃坠，政令不行，背叛乖离"。越军再次战败，勾践无法，只得带着残兵钻入山林，上山躲进了范蠡先前修建的固陵城中。

吴王夫差已经一口气追到了这里，见到勾践所躲藏的小山，五千越军躲进去，连一点动静都没有，可见萧条，再回头看看江面上自己的看不到边的大小战船，冷笑一

固陵闻钟

声，仗着兵多，下令攻上去。

　　固陵城规模不大，却在山上，仅一山门，悬小径而上，易守难攻。越军素来有血性，以不怕死著称，即便吴军骁勇强悍，在城山"马门"，亦吃足了苦头。对越军来说，此乃生死攸关之际，早已退无可退，除了拼命再无他法，一个个拿出了精锐的气势，以一当十，与吴军死战。

　　一时间城山密林中、马门附近杀声震天，刀光剑影。吴军每进一步都会遭到激烈的抵抗，很快便在上山小道上留下了无数尸体，到了半山腰后再也无法推进一步，眼看着这小小的城山，竟是打不上去了。

　　夫差闻讯虽然大感惊讶，但此时对于固陵上的情况也已经心里有数，他看着小小的山丘，料想即便没法马上打上去，可这山上肯定缺衣少食，说不定连水都没有。不如就干脆包围了他们，勾践逃得急，定无充足准备，等时日一长，五千越军就会变成五千张嗷嗷待哺的嘴，勾践定会不堪重负，到时候是死是降，还不都是自己一句话的事。

如此一想，夫差也不急了，干脆令大军将城山围住，就地安营扎寨，准备将越军困死在山上。

而此时，勾践便在山上，远眺江水，近看山下吴军，发出了第一声叹息。"吾已决之矣！"勾践想起当初他一意孤行说的话，便觉得脸上火辣辣的。

范蠡此时怕是在嘲笑我吧。

入固陵时还道是生机，如今这般看来，莫非是个死局？

罢了，问问范蠡吧。

钩心斗角，咸鱼鲜鱼生死之差

此时的城山内外，气氛天差地别。

越王勾践于吴王夫差有杀父之仇，不仅真正动手的越将灵姑浮已经战死，而且真正的始作俑者，也成了笼中之鸟，插翅难逃。

夫差心情大好，整日里喝酒宴饮，想象勾践在城山上缺粮少水的窘状，更是开胃，饭都多吃了三碗。

城山连江通海，水产丰富，夫差除了吃喝，还有兴致与将士们一道在水里捕鱼，捕来的能吃就吃，吃不完的就着兵士腌制成鱼干，看起来更是陶然自得。

然而，这样的日子过久了，国王也会觉得无聊，更何况是心底有所求的吴王。他这般看似潇洒行事，实则天天盼着能看到勾践蓬头垢面地下山请降。谁料左等右等等不到，反把他自己等得焦躁了。他左思右想，看着面前丰富的吃食，忽然灵光一现，招手道："来人！本王要给勾践送点礼物。"

此时城山上，自然是愁云惨淡。

不出夫差所料，城山不大，物资本就紧缺，缺食少水，连勾践都饿瘦了，更别提其他士兵，一个个面黄肌瘦，眼神无光，士气低落。

夫差不知道勾践能熬到什么时候，勾践也不知道夫差要等到什么时候。

虽说山上有五千士兵要养，可夫差十万大军在山下，每日耗费粮草数量更加惊人，他们双方都寄希望于对方先撑不住，这一口气，双方都在憋着。

"范蠡在何处？"勾践坐在堂中问。

"回大王，正在指挥士兵下陷阱捕鸟兽。"

"范卿……"勾践叹息一声，愧疚感油然而生。想到自己一意孤行，不听范蠡的劝诫，执意出兵伐吴，全然忘了自己身负越国的安危，不仅让追随自己出生入死的将士们陷入绝境，也将自己的万千臣民拉入危局。如今的局面若说全是自己之责也不为过，然而范蠡却还是忠心耿耿地跟随左右，为自己殚精竭虑，若是还有以后……

"大王！"突然，一个士兵冲进屋内，神色惊慌，"吴王遣了信使，已到马门！吾等放是不放？"

终于来了！勾践全身一紧，夫差终于熬不住要来劝降了！他想到这儿，正想点头，突然想起什么，连忙招手叫人："寻范蠡来！本王要与他商议一下！"

放个信使都要找范大夫商议？旁人不敢有异，连忙跑了出去。

范蠡听闻吴王遣使，本也一惊，闻勾践先召了自己，心下安慰，欣然前往。

范蠡一生颇为波折。他本是楚国人，出身贫贱，但博学多才，颇有经略天下的志向。奈何当时楚国政治黑暗，非贵族不得入仕，无奈之下只能背井离乡，与好友文种一道投奔了越国。他会经商，精谋略，于军事和政治皆有极高造诣，凭借着过人的智慧一步步走到了越国相国的位置，然而初时他并未得到重用，屡次谏言失败，正有些心灰意冷，却不料如今勾践不听他之言吃了苦头，反而开始重用他了。

所以说，塞翁失马，焉知非福。范蠡心下思量着，快步赶到了勾践身边。

勾践正在正殿发愁，见到范蠡立刻问："范卿，夫差遣了来使，是遣是留？"

范蠡心下早已有了对策，道："大王，以臣所见，不如请上山来，只不过，还需先做点准备……"

吴使等在马门，自是惴惴不安。

范蠡像

　　虽说两国交战，不斩来使，然而他也曾听闻先前越王在槜李之战时的酷烈手段，清楚此时山上那位王并不是软弱可欺之人，如今自家把人家围成这样，还要去劝降，若是越王一怒之下斩杀了自己，自己便是一个冤字都说不出。

　　可陡然得了这差事之时，周围同僚羡慕的眼神却也不是假的。这小小城山上要什么没什么，越王投降是板上钉钉的事情，可以说若是不出意外，今日自己便能成为为自家大王招降越王之人，那可真是天上掉下来的大功一件，不费吹灰之力！

只是，为何心里如此不安呢？

很快，前去传令的人便回来了，虽然不客气，但还是带着吴使上了城山。

吴使看着这个之前发生过血战的地方，多少兄弟在此洒下鲜血，却再也无法迈前一步，如今自己正走到他们铩羽而归之地，不由得心潮澎湃。可刚到山上，却突然听到一阵高昂的喊杀声。

他一惊，往一旁校场望去，见越军虽然面色憔悴，但是精神头十足，正在列队操练，举戈挥剑，斗志昂扬，丝毫不像是被围困了许久的队伍！加之他们看到他时的眼神，无不是满腔恨意，杀气四溢，让吴使感觉自己下一刻就会被其中一个越军挥剑杀死，不由得两股战战。

待走入越王帐中之时，他已经被一路上操练的越军"眼神洗礼"过，早没了之前的自信，好不容易才鼓起勇气，抬头看越王。

越王其人"长颈鸟喙"，虽然多日疏于打理，胡子拉碴，但或许是因为饿瘦了，眼窝凹陷，脸颊瘦削，更显得鹰视狼顾，高傲凌厉。又加之一旁范蠡相貌堂堂，悠悠然站在越王之下，气定神闲、从容不迫，仿佛这君臣二人正站在自家大殿之上，哪有丝毫败军之将的样子？

吴使气更短了，待被问了来意，只能小心翼翼地掏出一个盒子，递送到勾践面前。

勾践命人打开一看，一惊，一怒，随即心里又一酸。

盒子里放着一条咸鱼。

吴越皆是江海沟通之国，民间的风俗俚语亦有相通，其中便有"咸鱼翻身"的说法，勾践一看便知。夫差此时命人送来咸鱼，哪是在盼他翻身，那是在笑他"翻不了身"！

也许如今他真的翻不了身了。

"大王。"此时，一旁传来范蠡的声音，拉回了勾践的神思，他自然也看到了夫差的"礼物"，却仿若没懂夫差的意思，一脸从容，"吴王盛意，吾等怎能慢待，以臣之见，不若回个礼吧？"

勾践面上点头，心里却摸不着头脑，人家送来了吃的，我们自己却连吃的都没有，要回礼，拿什么回？

却见范蠡抬手道："来人，去外头饮马池中捕两尾活鱼，送给吴王做回礼！"

吩咐完，还对吴使客气道："礼轻情重，还望吴王笑纳。"

吴使丈二和尚摸不着头脑，当真等来了越军拿竹篓装来了两尾鲜活的鱼，并将其送到了吴王夫差的面前。

夫差本以为自己能听到勾践在山上如何落魄憔悴，见到咸鱼后如何愤怒害怕的回奏，却不料吴使一番所见所闻讲完，看着面前的两尾鲜鱼，自己反而面露难色了。

送来活鱼是什么意思？

有池子，有鱼！

有水，有粮！

他仿佛看到勾践在山顶吃着鱼看着下面十万大军时得意的笑！

这固陵城，打不进，耗不死，还有何可围的！

夫差连日来的好心情消失殆尽，看着城山，咬牙切齿道："传我命令，全军撤离城山！"

何处萧然，是非成败一念之间

打不下固陵，夫差并没有就此放弃。

杀父之仇岂是两条活鱼能劝退的？他并没有打道回府，而是带着大军直捣越国国都埤中（今诸暨北）。此时越王勾践虽然凭借着范蠡的智谋得以脱困，但光凭五千残兵已经无法守护自己的国都，不得已之下只能直接往南前往会稽山凭险自守，却再次被占领了埤中的吴军围困。

这一回，即便范蠡有三头六臂，夫差也不会就此罢休了。

勾践再次问计范蠡时，心里其实明白这一点。但因有了上次固陵的成功经验，这一次，他依然对范蠡抱有希望，毕竟，他已经没有任何退路了。

无奈范蠡也没有退兵的良策，但他有着更为长远的计划：用卑辞厚礼向吴王求和，以图后计。

勾践听进去了，于是派大夫文种为使，前往吴军营地，给夫差送去美女、财宝。虽然说有杀父之仇，可是此时勾践已经是败军之将，硬要杀他并不利于吴国在诸侯间的信誉，夫差见勾践求和，十分心动。然而伍子胥却认为不可，主张无论如何都要抓住机会斩草除根，先灭掉越国，以解决卧榻之侧的隐患，如此便可心无旁骛地进军中原。

夫差听进去了，将文种赶了回去。

这无异于给勾践下了一道催命符，得知夫差的意图后，本来就心存疑虑的勾践着急了，无奈之下，只能派文种去以重金贿赂吴国太宰伯嚭，请他劝说夫差允许越国作为吴的属国。伯嚭本就与伍子胥不和，得了好处自然立刻去办事了。见夫差又对新的建议心动了，伍子胥当然强烈反对。然而夫差此时却已经陷入伯嚭描绘的宿敌臣服于己的美好前景中，又急于北上与齐国争霸，再也听不进伍子胥的话了，遂同意了越国的请求。

吴国退兵后，勾践终于得以下了会稽山。此时再回到国都，早已物是人非，他安抚了国人后，留文种守国，自与范蠡等人根据约定，去吴国给夫差当奴仆。

多年后，在吴国受尽屈辱的勾践最终被释放回国，他满心仇恨，发誓要复国雪耻。他卧薪尝胆，不辞辛劳，整政治军，奖励生产，增强国力，终于成功灭吴。

殊不知在勾践卧薪尝胆时期，伍子胥听闻勾践的作为，深感不安，屡次劝谏夫差攻打越国，以至于得了好处的太宰伯嚭屡进谗言，诬陷伍子胥有反叛之心，最终导致伍子胥被夫差赐死，并被抛尸江中。

是以当周元王三年（前473），勾践围夫差于姑苏山（今苏州西南），夫差派人求和，勾践断然拒绝，夫差在自杀时，是否会思及当年的固陵退兵、会稽允和、赐死伍子胥？不知那又是怎样一番感受了。

时移世易，君君臣臣，忠诚背叛，不过是历史轮转中，一抹反复出现的残影罢了。

千秋轮转，江东子弟心系逐鹿

固陵城下两龙争，不见齐王来会兵。
勒取河山新分地，项王之后到韩彭。
——〔宋〕文天祥《固陵道中（其三）》

春秋争霸仿佛还在眼前，六百多年后，固陵再一次进入了人们的视野。

彼时已是汉初名将韩信和彭越都已经作古的汉末，群雄争霸再起，世事变幻，就如文天祥诗中那般，寥寥两句，道尽往昔。

东汉末年，一如当年的春秋战国，天子依然在，群雄已并起，战火燎原，纷争不休。

彼时众多英雄豪杰都有中原逐鹿的野心，其中也有江东子弟——孙策。

孙策像

　　孙策，字伯符，吴郡富春（今杭州富阳）人。汉末破虏将军孙坚长子、三国之一吴国大帝孙权长兄，乃孙吴政权奠基者之一。

　　《三国演义》称其勇武犹如当年的霸王项羽，遂称其为"小霸王"。

　　彼时汉室风雨飘摇，孙策之父孙坚身为破虏将军，屈身于割据江淮地区的"后将军"袁术之下，为其鞍前马后。然而袁术虽然与袁绍、曹操等关东诸侯联合讨伐了董卓，却并非一个合格的领导者。割据扬州地区后，骄奢淫逸，横征暴敛，令江淮地区民怨沸腾。

怒涛卷霜雪 HANG ZHOU

孙坚死后，孙策虽然继承了父亲的遗志继续屈事袁术，实则对袁术不满，早已有了离开之心，却尚不知该去往何处。孙坚的老部下，丹阳尉朱治建议孙策趁矛盾愈演愈烈之前，赶紧先收复江东。

孙策早有此意，立刻去找袁术道："我家旧日对江东人多有恩义，我愿带兵为您征伐横江。横江攻克后，我就可以在当地招募士卒，到时候我再率领他们助您平定天下，谋成大业。"

袁术并不傻，他心知孙策对自己不满，然而放眼彼时的江东，有扬州刺史刘繇守曲阿（今江苏丹阳），有会稽太守王朗守会稽（今绍兴），都不是好相与的人物，孙策此去未必能有什么作为，若是能碰一鼻子灰，自然就会灰溜溜地回到自己麾下，死心塌地为自己征战，故而便答应了他的请求，并表奏朝廷任命他为折冲校尉。孙策便带着父亲孙坚的旧部和自己的数百门客出发了。

谁料孙策当真没夸大自己的影响力，一路上听闻是孙家子弟带兵东进，竟然真的不断有人来投靠，很快便已经有了五六千人。甚至到了丹阳之时，连丹阳太守周尚的侄子周瑜都带兵出来迎接，还赞助了军粮。

孙周两家素来交好，如此支援却依然让孙策大为感激，对周瑜道："有了你的支持，大事一定能成！"

此时他们自然不知道，未来周瑜当真为东吴作出了巨大贡献。

周瑜随着孙策率部渡江作战，一路相继攻克横江、当利，攻势之迅猛，可谓所向披靡。孙策此人相貌英俊，言谈幽默，性格豁达开朗，知人善用，且他军令严整，与袁术截然不同。一路行来，颇受将士和百姓的爱戴，凡他过处，皆是夹道欢迎，尽心相助，兵士们更是效死于他。

孙策高歌猛进，很快便打败了曲阿的太守刘繇。孙策进入曲阿，曲阿的百姓本来人心惶惶，谁料孙策不仅慰劳赏赐了自己的将士，还发布赦令，通知各县："凡是刘繇、笮融等人的乡亲故友和部下，前来自首归降的，一概不咎既往。愿意去当兵的，一家只出一人，免除全家的赋役负担；不愿再当兵的，也不勉强。"此令一出，民皆心悦诚服，不出十天，便有应募者从四面涌来，争相投入孙策麾下。很快孙策便又得到两万余士兵，一千匹战马，一时间名震江东，风头无两。

此时，孙策的势力范围已经扩展到江边，剑指对岸的吴郡和会稽郡。

固陵安在，钱塘悠悠遍看成败

孙策打败刘繇后，遂剑指会稽郡，战前召集麾下将领开了个会，讨论严白虎和王朗先整谁。

彼时吴郡已经被孙策麾下大将朱治打下，吴郡太守许贡败逃，竟然依附了吴郡豪强严白虎。这严白虎是本地豪族出身，乱世当头，竟然建立起了规模有一万人左右的军队，为王朗掠阵之姿明显，实力也不容小觑。

至于会稽太守王朗那就更不用说了。王朗与其他划地称雄的军阀不同，他本是孝廉出身，性格严谨慷慨，多立威仪，乃经学大家，是广受敬重的一个人，百姓对其的爱戴不亚于孙策，若真打起来，对方团结一心，又占地理优势，胜负难料。

"将军，依在下拙见，当务之急，还是先讨了严白虎为好。"孙策的舅舅吴景率先道。

孙策听了，问："是舅舅这般认为，还是诸位都这么认为？"

于是部下们闻言纷纷表态，皆认为当下应该先讨伐严白虎，理由是严白虎为吴郡豪强，硬茬一个，先拔除了他，接下来才能安心攻打王朗。

孙策听后，许久不言，最终下定了决心，开口道："先攻王朗。"

"将军！"

"严白虎啸聚山林，不过一介盗匪而已，成不了气候；但王朗不同，若是给他时日做足了准备，会稽恐难攻克。"

众人闻言，陷入沉思。

"可是将军，话虽如此，但那严白虎亦不可置之不理啊！"吴景急道。

"那便有劳舅舅了。"孙策笑道。

吴景一愣："将军这是何意？"

孙策笑而不语。

东汉建安元年（196），吴人严白虎等众万余人，处处囤聚，孙策部诸将以吴景为首，俱建言先讨伐严部。

孙策以为严部不过一介盗匪，决议优先征讨王朗，命吴景率部征讨严白虎。

吴景率部与严白虎交战，大胜，严白虎退到会稽，孙策顺势而下，往会稽而去。

八月，孙策兵临会稽郡。

自王朗任会稽郡太守以来，凡事亲力亲为，任人唯才，将会稽郡治理得井井有条，是江东少数富庶平安之地，颇受百姓爱戴。如今孙策横扫江东，声势浩大，区区会稽郡要想抵挡，颇有些螳臂当车之感，王朗的幕僚与其聚到一处，讨论应对之策时，气氛颇为压抑。

"大人！孙策那小儿如今士气正盛，若贸然出击，不仅胜算难料，说不定还会把整个郡的百姓搭进去，在下以为如今应避其锋芒，万不可作意气之争啊！"王朗的幕僚，会稽功曹虞翻道。

王朗闻言，毫不犹豫地抱拳向北道："我王朗既受皇恩，来此行太守之职，自然要为君谋，为百姓思，如今强敌当前，怎能屈身乞降，白白交出这汉室疆土？投降之事无须再议，我今日召你们在此，就是为了议一议，若要战，该当如何，该做何准备，诸位可有建言？"

虞翻闻言无奈，不再提避战之事，为王朗筹谋起来："既然大人守城之意已决，在下便不多言了。不过若要抵挡孙策部，光凭浙江自是远远不够，不若在此处列阵抵御，凭此处地利，应有一战之力。"

"哦？何处？"王朗看向地图，只见虞翻指了一个点，立刻明了，"固陵？"

远眺城山

虞翻点头："是也，固陵城。"

于是自吴越对抗几百年后，固陵城再次于各方争霸最盛之时，进入了人们的视野。此时它犹留存着范蠡所筑之城垣，城墙绵延，箭塔耸峙，还有那"一夫当关，万夫莫开"的马门小径，诉说着当年吴军攻而不得的潺潺血泪。

王朗于是在固陵城布置精兵，筑深沟高垒，严阵以待。

孙策挥师渡江，然而数度水战，都以失败告终。征战江东的大计眼见就要在此搁置，即使意气风发如孙策，也不由得焦躁起来，他望着滔滔江面，面色阴沉。

但是会稽郡是肯定要打的，没有攻不下的城池，只有无能的将领。

然而如今战事陷入僵局，莫非真的要止步于此了吗？

营帐中，无人率先出声，气氛一派沉郁。就在此时，传令兵在外报告："启禀将军！孙大人到了！"

"叔父？"孙策精神一振，连忙将人迎了进来。来者正是他的叔父孙静，当初孙策的父亲孙坚起义之时，正是孙静集合乡里及宗族子弟五六百人跟随，才有了孙坚父子如今的成就，可以说是极为可靠可信之人。

孙策欲进攻会稽之时，派人去请了就住在附近的孙静前来，本是想叙叙旧情，顺便共谋大业，却不想如今孙静拖家带口地来了，战事却还没个眉目。

孙静听了孙策的诉说，略一思索，道："我有一计，不知可不可行。"

如今但凡有个计策，也远好过没有，孙策立刻道："叔父请讲！"

孙静于是手指点着地图，一边斟酌一边道："王朗凭险固守城池，确实很难马上攻破。只不过，从这里向南数十里是查渎道，是通往会稽的要害之地。"

孙策闻言已经略有所悟，神色逐渐严肃。

孙静继续道："兵法有言，出其不意，攻其不备。不若我们绕过固陵，直接攻击其后方。我率军队作为先锋，定能击破王朗。"

"好！"孙策闻言大喜，直接拍板，"就如叔父所言！"

他看向其他部将，又问了句："诸位可还有其他想法，皆可与我说来。"

众人皆认为此计足够完美，纷纷摇头，唯独周瑜站出来，抱拳道："此计虽好，不过在下以为，若是王朗探得将军你绕过固陵，入他腹地，定会派大军追赶，届时不如在沿途设下埋伏，伺机突袭，说不定会有奇效。"

孙策听了，连连点头，喜道："得将如此，夫复何求，就这么办！"

众将听令，立刻出帐准备了起来。

不久以后，城山顶固陵城中，王朗负手城楼之上，望着远处同一片滔滔江水，神色紧绷。

孙策自上一次渡江进攻失败后，就再也没有了动静，看似已经放弃渡江，然而谁也不相信这位势头正盛的年轻将军会就此作罢。可是对于他将如何卷土重来却也没有头绪，但要就这么被动等待自然不行，王朗于是派了数队士兵前去查探孙策部的动向，除了得知孙策部有众多士兵因为饮了不干净的雨水而腹痛难行以外，再无其他可靠的消息。

"莫非他当真放弃了？"王朗喃喃自语。

他看着对岸连营的火光，猜测孙策是否真的因为部下腹泻停止了进攻。

抑或是孙策那小儿在偷偷谋划什么？

就在这时，一个传令兵冲了上来，气喘吁吁道："大人！不好了！孙策带兵从查渎道往高迁屯去了！"

"什么？！"王朗闻言，眼前一黑，整个人晃了一晃。

经查渎道所至的高迁屯正是王朗囤积粮草之地，若当真任由孙策占领了那儿，他们固陵将成为无粮无兵的孤军！

王朗无暇多想，当即下令："来人！着周昕速速率兵追击！决不可让孙策进高迁屯！"

周昕本是丹阳太守，但因不满袁术暴政，与其起了龃龉，被袁术派吴景取而代之，周昕干脆辞官回到会稽投靠了王朗。如今孙策虽然亦是为了脱离袁术的控制而转战江东，然而对周昕来说，对方此时依然是袁术的走狗，于是得了此令二话不说，立刻带着骑兵追了出去。

王朗左思右想觉得不安，担心周昕不是孙策的对手，又叫来虞翻，叮嘱他："备好船马，此番孙策那小儿定已深思熟虑，怕是有后招。"

虞翻当即领命前去安排，王朗看着对岸军营还荧荧闪烁的灯火，此时方确定那当真是对方的疑兵之计，一时间悲愤交加。

等待是漫长的，可是并不是每一次等待都会得到好的结果，很快前方便传回消息，周昕在追击孙策的过程中被沿途伏兵袭击，大败被杀，几乎全军覆没，孙策占领高迁屯，反包围固陵已成定局。

王朗得信后踉跄了一下，终究只能长叹一声："大势已去！"随即立刻带上幕僚及固陵剩余的士兵，撤出固陵，走水路逃逸而去。

孙策自此成功渡江，占领了会稽郡，自立为会稽太守，并以此为基础一统江东，为日后建立东吴政权，与蜀魏三分天下，打下了坚实的基础。

可以毫不怀疑地说，若不是孙策雷厉风行一统江东，在袁术落马前有了自立的本钱，其弟孙权便是再有勇有谋，也难以那么轻易就以东吴立国。正是其父、兄两代的努力，才有了未来的三国争雄。

而固陵城，便是当年孙策渡江作战时最难啃的一块骨头。

助越王勾践退吴，助王朗拒孙策以北，这个如今已经鲜少有人知道的固陵城，说是杭州军事风云中的一位隐姓埋名的扫地僧，着实不为过了。

萧山城山如今已经以越王城山之名成为湘湖景区一处风景优美的景点，洗马池、白虎潭、箭楼、城墙甚至马门都还留有当年的余韵。世人每每路过，都会提及馈

城山怀古

鱼退敌的故事，然而鲜少有人知道，那位在《三国演义》中与诸葛亮城楼舌战的司徒王朗，也曾在这儿据守抗吴，让"小霸王"孙策束手无策。若论及孙策，人们不是叹息他的英年早逝，便是大赞"生子当如孙仲谋"的他的弟弟孙权。忆及千年前群雄并起的风云涌动，感慨世间万物变迁飞逝宛如沧海一粟，世人与时光在越王城山的固陵城上相遇，其实不过就是一次石阶迈步，或者是一次与石壁的轻触。

千年轮转，白云悠悠，从春秋吴越到汉末东吴，固陵依旧，故国安在？不过英雄梦一场，徒留后人一声叹了。

参考文献

1.〔宋〕施宿等撰：《嘉泰会稽志》，成文出版社，民国十五年（1926）影印本。

2.南开大学地方文献研究室、杭州市萧山区人民政府地方志办公室整理：《萧山县志稿》，南开大学出版社，2010 年。

3.〔东汉〕赵晔撰：《吴越春秋》，中华书局，2019 年。

4.〔东汉〕佚名：《越绝书》，中华书局，2020 年。

5.〔北魏〕郦道元：《水经注》，华夏出版社，2006 年。

6.〔清〕李慈铭：《越缦堂诗文集》，上海古籍出版社，2008 年。

7.〔晋〕陈寿：《三国志》，中华书局，2014 年。

8.田余庆：《孙吴建国的道路》，《历史研究》1992 年第 1 期。

9.〔南朝〕范晔：《后汉书》，中华书局，1965年。

10.宋杰：《孙策攻占江东的经过与方略》，《军事历史研究》2021年第1期。

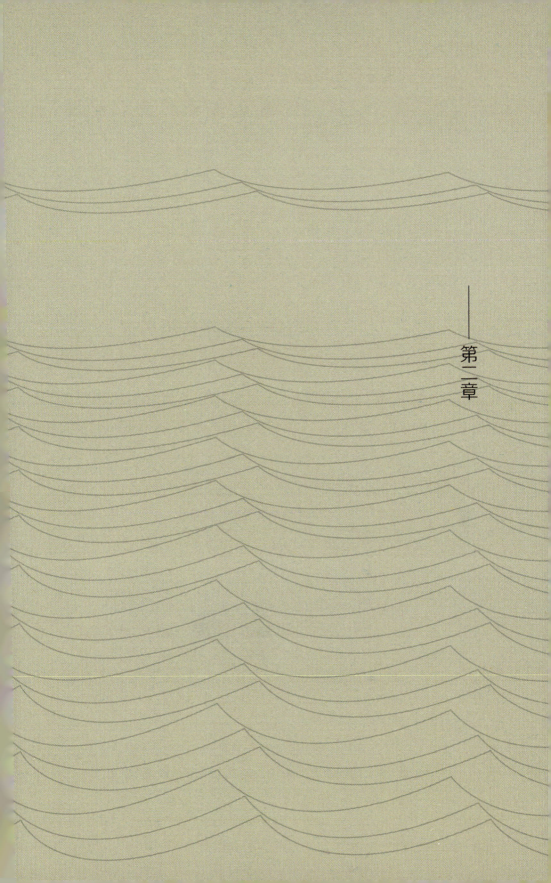

第二章

京杭大运河:
遍览盛衰的南北动脉

魏晋风流，江南盛宴终有散时

自古以来，提及京杭大运河，人们无不联想到千里碧波，万舸争流，又有秦淮艳景，江南鱼米。一条贯通南北的长河将帝国的巍峨和富庶连接在了一起，从此命运与共、呼吸同拍。

然而提及描绘京杭大运河的诗句，却不外乎"尽道隋亡为此河，至今千里赖通波"，或是"东南四十三州地，取尽脂膏是此河"。

"隋亡""脂膏"，在历代诗人传唱之下，京杭大运河似乎已经与隋朝的灭亡以及奢靡的生活密不可分。殊不知京杭大运河早在春秋时期就已经开始修建，而且与大众所知不同的是，它并不是隋炀帝下令自北向南开凿的，而是春秋吴国为了征伐齐国，方才开凿邗沟，即后世所谓淮扬运河，方得后世大运河之雏形。

邗沟的开凿，实则从一开始，就是为了战争。换言之，京杭大运河从某方面讲，是一个军事基建工程。

一开始，隋文帝杨坚确实未曾料到自己居然这么快就能用这条河来打仗。

开皇九年（589），隋文帝杨坚次子杨广攻陷建康、生擒陈后主，统治中原一百七十年的南北朝终于大厦倾覆，魏晋风流多少传奇，终究曲终人散。徒留陈后主的一首《玉树后庭花》，成了后世"不知亡国恨"的典型。

虽然周围的敌人看似都已经扫除，可是内忧却并不比过去少多少，盖因魏晋乃实打实的世族政治。所谓世族，即世家豪族也，是特权阶层，他们或依靠其政治特权而形成世家，或依靠其经济特权而形成士族，且大多随地域和姓氏划分，什么范阳卢氏、河东裴氏、陈郡谢氏……便是同一个姓，都会因不同的族支，从而分出个什么太原王氏、琅邪王氏等。这些世族门阀源于东汉，形成于曹魏，盛于两晋，大多根深蒂固、权势滔天，上可把持朝政，下可鱼肉乡里，各自为王，互相制衡，其地位与汉时的诸侯可算是不相上下，更甚者，便是他们的皇帝在绝大部分时候，都得听他们摆布，一个个的，少有活得不像傀儡的。

所以说，便是干掉了最后一个正经帝王又如何？还有大把的世族需要收拾，就算一时偷懒不动他们，那些世族为了保住自己的权益，亦不会乖乖归顺。

更何况，杨坚一家子，没有一个是愿意放任自流的主儿。

隋文帝还没统一中国的时候，便已经开始着手打击门阀世族的统治，他强化中央政权，收拢军权，打击世族私兵，对不服者直接亮剑。这边南下攻陈，那边剥洋葱一样地削弱世族，干得不亦乐乎。

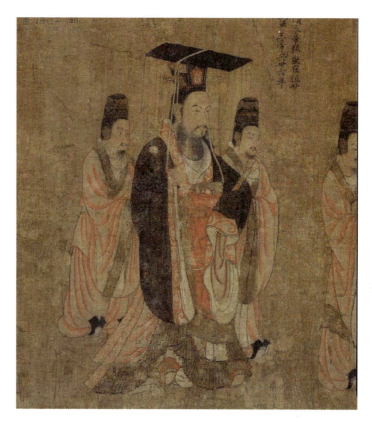

杨坚像

本来陈国的世族还能坐山观虎斗，嗑着瓜子看得乐不可支，可是当未来的隋炀帝——杨广带着名将杨素一路势如破竹直接打进陈国皇宫，提溜着陈后主出来时，南方世族终于慌了。

虽说山高皇帝远，世族大家一个个看似可以在南边跷着脚做土皇帝，然而在那个年代，知识掌握在贵族阶层，他们当然不笨，很快就意识到，即便过去世族们"相爱相杀"，一起瞧不起自家皇帝，一起在自家地盘上作威作福，但他们作为同一个阶层，拥有共同的利益需求，而这需求，恰恰与这个新的当权者有着剧烈冲突。

唇亡齿寒啊兄弟们，再不做点什么，小命要完！

不知道从什么时候开始，隋文帝欲移民关中的消息开始在南方流传，且越传越广，甚嚣尘上，南方一派人心惶惶。

本来，杨坚因力有不逮，在专注北方的同时，只能着镇守南面的地方官加强统御，并着尚书右仆射苏威撰写《五教》，要求江南的百姓不分男女老少都得熟读，意在加强思想管理，已经让士族和百姓怨声载道。

如今，北方那位眼见着已经松快下来，利剑在握，即将剑指南方，做些实质性的行动了。想到杨坚即位这些年来为了打压世族使出的种种手段，他们再也坐不住了。

谁会愿意为了满足皇帝的控制欲而背井离乡呢？更何况这儿那么富庶丰饶，谁舍得走呢？

该怎么办？坐以待毙吗？可若是坐以待毙的话，若有一天真的一道圣旨下来，他们又该如何拒绝？

这些问题，余杭人杨宝英在三年前就给出了答案。

陈朝刚败，他便已经自封为大都督，举兵起义反隋，声势浩大不说，而且还战绩彪炳，兜兜转转三年打下来，已经兵临杭州，眼看着就要拿下这座江南名城。彼时杭州尚无城墙，若是他真的打过来了，那可真是到嘴的肉，不吃才怪。一旦占据了杭州，那自然是称霸一方，短期内都可以和北方那位皇帝叫板一下了。

有了这位前辈作"榜样"，其他地方豪绅世族怦然心动，就好像心有灵犀似的，开皇十年（590）十一月，几乎一夜之间，婺州汪文进、越州高智慧、苏州沈玄憿等地方世族子弟纷纷举兵反隋，而且像商量好似的，都自称天子，设置百官，狼子野心昭然天下。又有一些胆子小点的，比如乐安蔡道人、温州沈孝彻、泉州王国庆等，则自称大都督，也凑热闹似的开始攻陷州县，在故国陈国的土地上遍燃战火。百姓受之前流言的刺激，亦纷纷响应，一时间各势力大小都有了点规模，多则数万人，小则数千人，他们互相呼应，一面攻城略地，一面残杀隋朝官吏。这般声势浩大，长期看来又不成气候的阵仗，只有一个目标——不求胜利，但求气死隋文帝。

杨坚这么容易被气死吗？当然不，他正愁找不到理由搞事情。

大兴城（今陕西西安），巍峨的宫殿内，杨坚站在御座前，下首站着次子杨广和他最得力的大将杨素。两人刚从伐陈之战中回来，虽然身上干干净净，但仿佛还带着战场上的血雨腥风。

此殿中站着的算是目前大隋最高战力的代表了。

杨坚背着手看着一旁宫人抬上来的地图，神色晦暗。

江山尽在眼中，只可惜此时还同床异梦。

"大业远远未成啊……"他感慨一声。

"父皇！请下旨吧！儿臣定会为您扫除叛逆！收复江南！"御阶下，他最能征善战的儿子杨广已经单膝跪地，抱拳请命。

杨坚看着一身戎装的次子，眼中的坚定和野心如他的体魄一般慑人，想到自己宽和率真的长子杨勇，暗自叹息一声，摆摆手道："此等小事，着杨素去便可，你伐陈辛劳，留下来多陪陪你母亲。杨素，朕命你为行军总管，即日启程，南下平叛！"

杨广闻言，虽然略有不甘，但依然点头应是。一旁的杨素闻言，则立刻下拜："臣领旨！定不负陛下所望！"说罢便起身，一甩披风，飒然而去。

虽说是"此等小事"，但派出杨素，也着实是凶狠的杀招了。

杨素其人，虽与当今圣上同姓，却是世族出身，乃弘农杨氏子弟。世家出身的人亦有贫富差距，杨素便是小姐身丫鬟命的典型，自幼穷困潦倒，虽有远大志向，但因为他身份和现实的巨大落差，往往更容易被他人嘲笑。但他却没有被人言打败，勤勤恳恳学习，认认真真努力，终于成了大器——提笔可写华美文章，举剑亦可挥斥方遒。

混乱的世道让他的登顶之路一波三折，在北周武帝麾下带兵之时，杨素亦曾多次险些因政见不同而获罪。数次"站错队"后，他一路摸爬滚打，终于成功寻到了他的"良木"——时任北周左丞相的杨坚。

自此君臣二人便开启了"升级打怪"之路，一路立朝，伐陈，终成大隋。

如此猛将，双手还在发热，去江南走一趟，绰绰有余了。

邗沟

杨坚说即日启程，杨素便即日启程，一秒都不耽搁。

此时的运河尚未贯通南北，而是在春秋吴王夫差修建的邗沟的基础上，各朝代自行修建了若干支流。其主干道邗沟最南只到达扬子津（在今江苏扬州）。

兵贵神速，杨素率大军沿运河一路南下，没几日便到达了扬子津，这边叛军在江南刚熟悉"业务"，那边杨素便已经杀到了跟前，仿佛甩甩手似的，就已经击破了占据京口（在今江苏镇江）的叛军首领朱莫问。

之后他一步不停，挥师南下，趁着众多叛军尚未做好准备之时，先后平定了晋陵叛军顾世兴、无锡叛军首领叶略，又有叛军首领沈玄懀兵败逃脱，他亦穷追不舍，硬是率军将其抓获。前后不过月余，这速度和狠辣让人闻风丧胆，一时间还未被攻打的叛军首领人人自危，再也不敢小看这个北方世族的叛徒，纷纷严阵以待。

守在钱塘东岸的高智慧便是下一个。

此时纵使魏晋风流犹存，最风流的江南业已成为一片血与火的摇篮，繁华散尽，枯骨犹存。纵使千般美好存在心头，摆在这些江南世族面前的，也只剩下狰狞的剑尖了。

揭竿而起，强弩之末难挡王旗

高智慧，会稽人，手里有兵，还是当前几股叛军势力中排前列的那一波。他本没想到自己能走到这一步，虽被杨坚害得国破，但家却没亡。高智慧占据浙江东岸，又有数万兵力在手，打起来根本不带怕的。

所以当各路叛军纷纷揭竿四起，甚至很多不如自己的人都自封为帝时，他坐不住了。他们可以，为什么我不行？！如果我都不行，那他们也配？！

高智慧于是也揭竿而起了，但刚尝着当皇帝的滋味没多久，便听说杨坚派了杨素来镇压叛乱。

高智慧想："至于这样吗？！"

相比那些不知轻重的"大都督"和"皇上"们，他出身高门大户，自然更清楚杨素的实力。再加上杨素一路上见神杀神，转眼就失去了众多"小伙伴"，这让他愈发胆寒，连忙掏出了棺材本，着人在江岸布置营垒，在江面上开满战船，誓将杨素的路斩断在对岸！

杨素在对岸，远远看着江面战船密布，隐隐见对岸营垒绵延百里，沉吟不语。

这群江南世族没有估错，隋军大多出身于北方，不善水战，若当真打起来，他手头的战船还不一定过得了高智慧江上的封锁线。

但是，既然皇上对他寄予了厚望，便是粉身碎骨又如何。

更何况，他眼神一沉，若是在当初他与杨广一道伐陈时，这群江南世族能摆出这样的阵仗慨然相助，陈朝何以败得这么快？如今倒是知道唇亡齿寒了，掏出家底与王军对抗，其中因果缘孽，他们自己心里何尝没数？

世族当灭，国蠹当诛。皇上发誓要清除世族，开创太平盛世，为此呕心沥血，废寝忘食，他为人臣者，自然甘为剑锋，为皇上扫清一切障碍！

"大人！何时出击？"副将对江面的阵仗视若无睹，在一侧问道，眼中闪着熊熊火光，正如之前扫灭其他叛军时一般。

"整军休整，等我命令。"

"是！"

话虽如此，但杨素对于这般出击胜负几何依然有几分疑虑，他治军严整，向来军令如山，每每遣军士冲击敌阵，如有人失败撤退，必会被全部处斩，如此往复，直到得胜之时。虽然这样会让麾下将士对他敬畏害怕，但于战事却极为有利，若奉他命令出征，必会悍不畏死，奋勇向前，从不后退。如此一来，他获得节节胜利之时，也会提携下属，共分荣光，令将士们忠心相随，对他言听计从。

所以，一切手段的前提是，有得胜的希望，手下方有奋战的决心。可看如今的情势，即使手下皆是骁勇善战的士兵，忠诚勇武，但若是贸然下令，当真被高智慧的战船阻拦，让将士们横死江中，着实冤枉！

他回到营帐，看着布阵图沉吟不语。

"大人！"此时，一直随侍在侧的子总管来护儿突然出声，抱拳道，"属下有一计，不知当讲不当讲？"

杨素闻言回头，看着来护儿。

光看名字，便知道来护儿乃平民出身，所以相较之下，他的身世显得比杨素愈发传奇和励志。

来护儿祖籍南阳新野，后随曾祖徙居广陵（今江苏扬州），他自幼父母双亡，由伯母养大。因长在长江岸边，乃南北朝交界之地，故而常年在战火中艰难求生，练出一身好水性的同时，亦有了建功立业的想法。

人生有了方向，他便立刻投奔了隋军，常自告奋勇渡江侦查，因此累积了不少战功。一介孤儿，在这战争年代舍命搏天，竟然真的让他挣出了一个大都督的统帅之职来。

之后他又随军南征北战，平定陈朝，继续加官晋爵，深受杨广和杨素的赏识。如此忠诚能干的手下有话要说，杨素自然要听。

"你说。"他看着来护儿。

"大人，属下以为，吴地人悍勇敏捷，善用战船作战，且国仇在身，都怀有必死之决心，若此时强行与他们争锋，无异于以卵击石。"

杨素对此心知肚明，但被说出来依然难掩不满，道："那你待如何？"

"依属下看，不若大人先率军严阵以待，避其锋芒。另派些善水之人，随属下一道潜渡过江，寻机先烧了他们后方的营垒，断其后路，灭其士气。如此这般，效仿秦末汉将韩信击破赵军所用之术，定能一举击溃叛军！"

来护儿说的时候，目中锋芒毕露，显得极为自信。

想到当年来护儿便是屡次这般以身涉险，不计生死，渡江为大军探得敌情，方有如今的天下大势。杨素不由得动容，仰天长叹一声："得将如此，夫复何求，准了！来护儿，你乃我心系之才，千万小心。"

来护儿大喜过望，抱拳点头："属下定不负大人所望！请大人严阵以待，等对岸火势一起，便是制胜之机！"

"我省得！"杨素拍拍来护儿的肩，半是欣慰半是担忧地看着他掀帐而出。

来护儿说是潜渡过江，实则并非靠游。对岸营垒绵延百里，驻军少说数万，凭区区几人又如何能闹出大动静。杨素点了数千精兵与他，又派了轻型战舰数百艘，着他们摸黑渡江，实施计划。

江面已被双方对阵的战船照得灯火通明，连只鸟都飞不过去，他们须得先绕行数十里，再登岸步行绕到叛军营垒后方，方能行事。

此行高危，并非来护儿往常那般只需探明一下敌情就回来，可谓生死难料。临行前，杨素亲自送他们上船，举杯遥祝："在下静候诸君凯旋！"

"不负君恩！"将士们齐声呼喝，驾船离岸，远远地驶入黑暗中。

此时钱塘江对岸，纵使已有江上百船蓄势，岸上百里连营，高智慧依然觉得心里不安定。他在帐中坐卧不安，干脆掀帐而出，看看夜色，又看看对岸的火光，神色沉凝："对岸可有动静？"

"启禀皇上！尚未探得异动！"一旁将士道。

"再探！"高智慧冷声道，"杨素可不是吃素的主。"

"是！"

将士派遣了手下，回来疑惑道："皇上，我们这般严阵以待，杨素那厮便是想动，也无计可施呀！"

"你又不是杨素，怎知他无计可施？说不定他的小舟此时便在我们的战船边悄悄溜过来呢！"高智慧吼道。

虽然觉得自家皇上有些太紧张了，但将士还是闭了嘴表示认同，远远地观察着对岸。此时一夜已过去大半，天蒙蒙亮，远处火光点点，乍一看绵延亦有百里，若是真的在陆上兵戎相见，胜负当真难料，可此时是在江上，论水战，他们吴人可没怕过谁！

就在他这般沾沾自喜之时，突然听到身后不远处一阵骚动，他面色一变，转头望去，看到一股浓烟正自南面营垒处升腾而起，转眼就变成了两股、三股，并在不断变多！

"走水啦！"声嘶力竭的喊叫声此起彼伏，"走水啦！快来人啊！"

"怎么回事？！"高智慧神情大变，混杂着惊讶和紧张，整个人都绷紧了，"怎么会突然走水！"

而就在此时，仿佛是在回答他的问题一般，对岸忽然传来一阵咚咚咚的响声，纵使在人喊马嘶的东岸营垒，亦如夺命魔音般穿脑入耳！

"隋军击鼓！"有个小兵连滚带爬地冲过来，满脸黑烟，"隋军打过来了！"

可此时，不仅南面，高智慧的前后左右都燃起了熊熊大火，直到此时，喊杀声才响了起来，还伴随着惨叫："有隋军！有隋军潜入大营！"

"什么？多少！"他身边的将军大吼。

"不，不知！"

"废物！"将军气急，一脚踢开他，拔剑护在高智慧面前，怒吼，"保护皇上！"

高智慧一掌拍开他，喝道："保护朕有何用！击鼓！抗敌！"

"是！"将军转身传令后，又回来保护高智慧。

高智慧睁大眼看着前方江面气势汹汹冲来的隋军战船，又见己方战船纷纷排阵，颇有猝不及防之意，忍不住狠狠捏紧了拳头，咬牙道："好你个杨素！这便让你尝尝高氏船阵的厉害！"

直到此时，他依然坚信，即便后方大本营被攻破，他战船上的将士背水一战，也不会给杨素丝毫可乘之机。只要他们沉着应对，定能助他逃过此劫，笑到最后！

而与他有一样想法的，可远远不止他一人。

江对岸，杨素紧紧盯着对岸的遮天浓烟，又是欣慰又是担忧。

"传我命令！"

"在！"

"用尽一切办法，冲过逆贼船阵，接应我们的兄弟！"

"是！"副将大受鼓舞，立刻前去传令，鼓声阵阵，与江上战船顶上猎猎鼓动的旗帜一起，开启了一场血战的前奏。

双方一直从清晨打到傍晚。

高智慧想不到的是，对方水军在远远不如己方的情况下，竟然真的能凭着一股悍勇之气冲破他引以为傲的船阵。

而杨素更想不到的是，在腹背受敌的情况下，逆贼的战船竟然还能支撑这么久，甚至悍不畏死，甘愿玉碎。

此情此景，自然不适合双方相互敬佩，因为杨素急着登岸接收战果，而高智慧，则忙着逃跑。

彼时来护儿带着几千人去偷袭对方驻扎数万人的大营，纵使个个精兵，也倍感吃力。若不是他们放火成功，对岸响应及时，还不一定谁胜谁负呢。原本他已经在此役中立下头功，可是没找到高智慧，他始终不敢放松，谁料一直从清晨战到傍晚，杨素都登岸了，在满地败兵残躯中，依然没有找到高智慧。

跑了？这个誓与将士共存亡的逆贼，居然跑了！

来护儿站在杨素面前，觉得羞愧难当，头都抬不起来。

杨素却不以为意，他紧了紧自己的战甲，平静道："来人，留下伤者和一队人收拾此处，其余人，还能动的，整军！"

来护儿闻言，猛地抬起头，双眼发亮："大人？"

"没错，"杨素冷笑一声，"既敢谋逆，便要做好必死的准备，让他逃了，我杨某人也无颜面见皇上，上船，我们追！"

仓皇逃窜，万里追逆君臣同心

高智慧觉得自己的天都塌了。

他万万没想到，自己竟然会败得那么快！

堂堂江南豪门儿郎，出身高贵，手握重兵，曾经是何等的意气风发！别说周围那些小打小闹的乌合之众了，最得意之时，便是那破落世族杨素，他也不放在眼里！一个唯隋狗马首是瞻的叛徒，丧家之犬！他也流着世族的血，与自己有着共同的利益，何以对他们拔剑相向？！

杨坚才当皇帝几天？几天！御座都没坐热呢！

"杨狗！我与你不共戴天！"他牙齿几乎要咬出血，一拳捶在船沿上。

"皇上！我们往哪里去？"一直护在他身边的将士业已满身伤痕，如一条惶惶不安的忠犬，满脸希冀，"可要去找其他人求援？"

"如今他们都自身难保，怎么会愿意救我？"高智慧冷笑，"大家都自封为帝，安着什么心自己都清楚，我何苦自寻冷眼！"

"那……"

"无妨，先南下休整，那杨宝英就在杭州城中，杨素距他不过一步之遥，便是杨宝英再无能，拖个几日也应当可以！"高智慧狠声道，"我们先入海，杨素纵使派了追兵，以那群隋狗的水性，江上尚能蹦跶两下，这茫茫大海，可就不是他们能随心所欲的地方了。"

"皇上说得是！"将士勉强地笑了笑，却恰好与高智慧不安的眼神对上，"君臣"二人皆一震，挪开了眼去。

看来，这是都对杨素的狠辣执着有了更深的了解了。

高智慧一行残军开足马力，马不停蹄地自海上逃往温州，本以为应该甩掉了不善水性的隋军，却不料刚歇口气，远远的自海平面又见到了熟悉的船影。高智慧部一时间惊慌失措，不知道杨素放着江东那么多其他叛逆不管，为何独独对他们穷追不舍！

"莫不是杨宝英那厮降了？！"高智慧怒极，"将士们！隋狗穷追不舍，怕是还不知自己的斤两，如今吾等不曾腹背受敌，干脆与他们好好对阵一番，让他们知晓我们的厉害！"

众将闻言，思及自陈国到如今的高智慧，他们等于被隋军灭了两次国，毁家灭国之仇莫过于此，怎能惶惶失态如丧家之犬，岂不是如了那群隋狗的意？

于是纷纷举起刀剑怒吼："与他们拼了！"

"隋狗不得好死！"

"亡国之仇不共戴天！"

"好！"高智慧朗声大笑，"我们与他们拼了！"

高智慧遂率兵迎战，众军悍不畏死，满腔仇恨，与杨素大军再次战在一处。然而他们忘了，隋军既有胆子渡海来追，那便是对自己的海战技术也颇有信心，更重要的是，他们是胜者。

隋军，分明是士气更旺盛的那一方。

高智慧部几乎是一触即溃，没多久就折损了数千人，在短短几日内就第二次尝到了战败的滋味。

彼时高智慧心惊绝望，别的没感悟到，却已经提前累积了不少逃跑的经验，眼见抵挡不过，干脆咬牙再次调转船头逃逸而去。这一次，他吸取了之前的教训，不再寄希望于能在近处甩掉杨素，也不能再独自蛮干，他仔细斟酌了一下，将目光放在了泉州上。

越是往南，隋朝的控制力便越弱，所以那儿自然也有不甘寂寞揭竿而起的小伙伴，泉州王国庆就是其中之一。

王国庆势力不大，还算有些自知之明，只给自己封了个大都督。因为偏安一隅，他如今还没闹出什么大声浪；又得知杨素神兵天降，愈发不敢动弹，是以势力一直没往江浙延伸，寄希望于如果自己乖乖的，能够被杨素略过。

然而高智慧的到来却打破了他的幻想，这位兄弟的能耐他自然有数，当年千艘战船，部属数万，可让周围其他的"义士"首领好一阵眼红，连他都被打得如此狼狈逃窜，若自己真与杨素对阵，恐怕也是凶多吉少。

然而大家同为反隋大业而起，义气还是要讲的，王国庆二话不说还是接纳了高智慧，将其安置在旁边营中，助其休养生息。其间问起与杨素对阵的经验，高智慧一面要面子，不愿自揭伤疤，一面却又担心说得太委婉，反让王国庆掉以轻心，反复斟酌之下，只能苦口婆心地提醒："杨素那厮阴险，切莫掉以轻心！"

王国庆没听到多少实质性的东西，心里却也认定杨素一个北方世族出身的人，与吴人在江上打打架差不多了，定不敢在海上与他们闽越人打，也不看看这儿是谁的地盘。

两人貌合神离，根本没有对杨素的实力达成共识，然而此时，杨素却果真不追来了。

果真如高智慧希望的那样，追索高智慧到温州后，杨素就地留下，铲除了温州叛贼头领沈孝彻，一路追追打打，前后战斗了有一百多回，扫清了永嘉地区。

之后正欲挥师继续清理高智慧之时，杨坚的诏书到了，内容无他，不过是杨坚怜杨素长期为平叛辛苦奔波，要他乘坐驿站的专车回朝休养。

有这般体恤下属的上司，杨素自然是万分感动的，然而这也让他意识到，皇上一直在关注着江南平叛的进度。他纵使应召回去了，恐怕还是会与皇上一道执手相看泪眼，忧心江南。

他不疑杨坚担忧他的真心，但他更执着于自己的忠诚，士为知己者死，为将者既已出征，断无半道休憩之理。

思及此，杨素自然拒绝回去，并着信使恳切地回复

江南运河杭州段

杨坚：叛逆未清，恐留后患，臣心难安，求陛下准臣继续平叛。

杨坚得信长叹一声：准了。

于是杨素再次披挂出征，这一次，他已经做好充足准备，要好好地收拾高智慧和王国庆了。

彼时，高智慧和王国庆在泉州休息得不亦乐乎。他们自然听闻了杨素在江浙继续平叛的消息，但也得知他近期并无动静，不知是累了还是乏了，总之如今当真是平安喜乐，岁月静好。

王国庆早就认定海路艰险难渡，杨素及其麾下的隋军大多为北方人，定不会习惯驾船航行，是以大剌剌敞着大门，根本没有作任何防备。谁料有一天正吃着海鲜唱着歌儿——杨素的大船突然出现在了海平面上！

这一惊，当真非同小可！王国庆根本没想到杨素会突然神兵天降，几乎是丢盔弃甲，与高智慧一道弃城而逃！路上还责怪高智慧没告诉他，杨素居然会渡海追杀！

高智慧对于杨素的出现，远比王国庆惊讶愤恨，更恨王国庆不听他劝，竟然没有丝毫防备，可如今自己残兵败将，不得不与王国庆抱团取暖，只能随着他一起躲入海岛，寄希望于杨素寻不到他们，能放弃追捕。

然而杨素何等人也，能从江浙追到闽越，那是不灭叛逆誓不休的。他当即分兵两路，自水上陆上两边追捕，将东躲西藏的叛军一个个搜了出来，眼见叛军虽然已经士气全无，却依然负隅顽抗，为这必胜的局面再伤及自己人着实有些亏，于是他微一沉吟，想出一计。

这一日，王国庆又一次侥幸躲过了隋军的搜捕，很是疲惫地回到自己房中，却不料自己那狭小的房内已经坐了一个人！

"汝乃何人？"他猛地转过身来就想往外跑，却见那人老神在在，全然不似外头那些将士那般惶惶不安，忍不住回头，"说！"

"在下受杨将军之命，来传两句话。"

杨大人？方圆百里，哪还有第二个杨大人？王国庆目眦欲裂："你是杨素派来的狗？！"

那人微微一笑，全然不理会王国庆的敌意，轻声道："王大都督以为，在下是如何到这儿的呢？"

没等王国庆回答，又紧接着道："在下既能坐在此处，白日里为何我大隋的将士寻不到你呢？"

王国庆骤然色变，走回来，压低声音问："你什么意思！"

"王大都督是聪明人，自然明白在下的意思。"那人微笑着，胸有成竹，"杨将军寻到王大都督不过是一句话的事，只不过如今王大都督遭此横难，盖因收留了高智慧那逆贼，将军知道王大都督绝非不识时务之人，若是王大都督愿意交出高智慧……以逆贼之名死，还是以隋人之身活，全看王大都督的意思了。"

王国庆闻言，神色变幻数次，终究咬牙道："你走吧！我王国庆绝不做出卖友人之事！"

那人闻言并不失望，只是悠然起身，继续道："若王大都督有了别的想法，可到港口挥旗，自有人会来接应。"

说罢，也不管王国庆脸色铁青，走了出去。

高智慧自然对于王国庆身上发生的一切全然不知，只知道这两日隋军步步紧逼，眼见着已经将他们逼到了尽头，周围将士成日里东躲西藏，早已濒临崩溃，一个个满身是伤，精疲力竭。他自然是最忧心忡忡的那一个，可是连如今兵力比他强的王国庆都好不到哪里去，他又能再往何处躲藏，只能终日惶惶不安，度日如年。

这一天，王国庆突然提着酒来找他，面色憔悴，见到他，苦笑一声："来，兄弟，我们喝一个。"

不管当初多少相互怨怼，两人同样落难到这般境地，高智慧要说有怨气那也发不出来了，待王国庆倒了酒，一口饮尽，赞了声："好酒。"

"好酒？"王国庆笑得更苦了，"忆往昔，我们散发畅饮，有乐伎奏琴，舞姬飞旋，还有山珍海味，美酒佳肴，何等潇洒快活。如今，便是这野酒，兄弟也能赞一声了。"

高智慧喝了几杯后已经微醺，只觉得天旋地转，摇头摆手，面露哭相："回不去了，回不去了。"

"回不去？不，还是回得去的。"王国庆的声音略显怪异。

"什么？"高智慧迷茫地抬头，却见眼中的王国庆仿佛雾中鬼影，时而近，时而远，时而扭曲如恶鬼，又时而端正如往昔好友，"我，我的酒量何时，如此不济了？"

"兄弟，对不住了。"王国庆站起来，敲了敲桌子，面色像哭，像笑，待手下制服高智慧的卫兵后冲进来绑住高智慧时，便全然放弃了，成了释然，"时移世易，这天下，终究不是我们能妄想的了。"

王国庆最终还是被杨素策反，交出了高智慧，保住了自己的性命。不管王国庆如何咒骂哀求，终究只能看着杨素带着自己痛恨的隋军占领了曾经他所拥有的一切，并且面无表情地看着高智慧在泉州被斩首。

当高智慧的头颅落地的那一刻，王国庆脑中晃过了他与高智慧最后一次独处的画面。

他向高智慧描述了往昔他们还是普通世族子弟时的美好，那对酒当歌的狂放恣意，却被高智慧一声声的"回不去了"，一片片打碎。

"回不去了，回不去了。"他低喃，耳边听着海潮的回应，鼻尖是海水混杂着血气的咸腥，终究落下了泪来。

而此时，杨素却卸下重任，仰天长叹了一口气，一挥披风，下令道："回去吧。"

"诸君，与我一起，班师回朝！"

运河缘起，杭州古城坐镇江南

杨素的凯旋，当然不在杨坚的意料之外，但依然让其龙颜大悦。

江南之乱平定之后，杨坚遂派左领军将军独孤陀到浚仪（治今河南开封）迎接慰劳，盛宠彰显无疑。待杨素回到京师后，杨坚更是每日都要派人到他府上问候，甚至还授杨素之子杨玄奖为仪同三司，从一品，待遇与三公（太尉、司徒、司空）相同，可见其对杨素一家的看重。自此杨素在朝中的地位愈发稳固，逐渐走上了权臣的道路。

反观江南之乱，在史书中并没有占据多少笔墨，其对后世的影响却是极为深远的。

江南世族占据富庶的鱼米之乡长达数代，在江南的势力可谓盘根错节、根深蒂固，原本便是隋文帝杨坚眼中一大患，若是要像剥洋葱一样，利用各种政策的打压层层削弱，待中原真正统一，怕是要到数代之后。

江南世族的叛乱，反而给了隋文帝一个巨大的机会。

世族在本地经营多年，目无下尘、骄傲自满，都不把杨坚放在眼里，只当是铁打的世族流水的皇帝，不管朝代如何变迁，自东汉而起的世族政治定会世代绵延，生生不息。当他们举起反旗之时，更多的是在发泄对隋朝的不满，故而攻城略地，屠杀隋朝官员，肆意妄为，反而失却了长远的目光。

或许当他们发泄了愤怒，冷静下来，细细思索之后，会意识到若真的要对抗前来平叛的隋军，仅仅是相互呼应并不够，团结起来才是唯一的办法。

然而杨素没有给他们这个时间。

开皇十年（590）十一月，江南之乱开始。而在同年，杨素便已经杀到了他们跟前。

盖因他们忽视了那条河的存在。

在隋炀帝大兴土木之前，隋文帝便已经为了兴兵伐陈，从今淮安到扬州，开山阳渎（即古邗沟），贯通历朝诸国自行修建的古运河支流，后又整治取直，使其中途不再绕道射阳湖，大大加快了南北交通的速度。

故而彼时虽然大运河至南不过才到扬州，对于隋军来说，乘船自都城到长江，南北千里，时间已大大缩短。

兵贵神速，在江南之乱初起，江南世族还是一盘散沙之时，王师便已经神兵天降，开始逐个击破，一举便摧毁了江南世族诸叛军首领的意志。

此时诸叛军首领只能终日惶惶，既不知杨素下一个要对付谁，又不想平白与其他首领联合起来，反遭连累。这番心思作祟之下，便是有杨宝英占领杭州在前，又有高智慧重兵在握又如何，只要他们的"皇帝梦"和"大都督梦"还热乎着，便只有被分而击溃的命。杨素便是抓住这一个极为关键的缺口，一击即中，势如破竹，成功平定了江南之乱。

而此时，隋文帝终于有了机会，开始重拳出击，加强对南方的控制。

他在杨素行军一事上看到了运河存在的必要性，但同时，也意识到运河就宛如他帝国的长剑，仅仅伸到长江，还远远不够。

这里不得不提的是，在杨素一行到达扬州，准备渡过长江之时，其实已经遇到过难关。

彼时长江以北已经俱在隋朝掌握，然而自南岸开始便已经是祸乱四起之地，杨素过江之前，不得不先派遣始兴（治今广东韶关）人麦铁杖去对岸刺探敌情。麦铁杖生于海边，水性极好，光凭其一人游过长江的本事，便已经远胜过当今诸多游泳高手。他受命之后，头戴蒿草，当真趁夜游过了长江，返回后又去，被江对岸的叛军抓住了。

叛军留了整整三十个兵士看守他，可见对他提防之深，然而麦铁杖到底是杨素座下猛将，竟然趁兵士不备，伺机夺取了一个兵士的大刀，单枪匹马，一鼓作气将看守他的兵士尽皆斩于刀下，甚至还有余力割下了他们的鼻子，带着这些"战利品"渡江而归。

杨素对他的表现感到惊奇又佩服，几乎是立刻就上书奏请朝廷授予他仪同三司的荣誉。

此功不仅仅是为麦铁杖单杀三十叛军，更为了他夜渡长江刺探军情的悍勇忠诚，足可见杨素对这一举动的看重。

但这也体现了对当时的隋朝来说，长江以南只是在名义上统一，真实情况依然一派混乱。以至于行军到了江前，还得派人泅渡刺探。

是时候做些什么了。

江南之乱的初始，不就是杨宝英率先起兵反隋，占领了杭州，才给了其他江南世族行动的勇气吗？

虽然之后被杨素在追击高智慧的过程中"顺手"解决了，但是杭州城的地理位置依然进入了杨坚的视野。

秦统一六国后，在灵隐山麓设县治，称钱唐，这便是杭州的雏形。

隋文帝灭陈后，于开皇九年（589）废钱唐置杭州，自此杭州正式拥有了它如今的名字。

江南之乱后，开皇十一年（591），隋文帝吸取杨素平叛的教训，将杭州钱唐县治由灵隐山下移至柳浦西（今杭州江干一带），并且依凤凰山筑城，设有钱唐门（至清犹存）、盐桥门、炭桥门、凤凰门。城垣东临盐桥河（今中河），西濒西湖，南达凤凰山，北抵钱唐门。周围长达十五公里，背靠群山，东西环水，面辖浙江，真正成了一个易守难攻的天赐良城。

此后又有隋炀帝以杭州为江南之终点，疏通运河，过长江，至杭城，自此南北大贯通，政易传，军易达，方造就了南北真正的政令合一、同进共退的大一统局面。

自此，这条造福后世的大河终究在风云诡谲的历史长河中生出了自己的支流，用它无可取代的地理优势，亲眼见证两岸劳动人民的辛劳坚韧和社会的飞速发展，坚韧地扛住了朝代的变迁和人世的兴衰，在血与火、花与笑中，历尽悲欢，道尽无常。

贯通南北的军政命脉——京杭大运河。

参考文献

1.〔唐〕魏征等撰：《隋书》，中华书局，2019年。

2.李克玉：《略论隋文帝打击士族》，《河南大学学报（哲学社会科学版）》1987年第4期。

3.〔唐〕杜佑：《通典·食货典》，中华书局，1988年。

4.〔宋〕司马光编著：《资治通鉴》，中华书局，2011年。

5.〔北朝〕魏收：《魏书》，中华书局，1974年。

6.〔宋〕乐史：《太平寰宇记》，中华书局，2014年。

7.〔清〕董诰等编：《全唐文》，中华书局，1983年。

8.张先昌：《苏威与〈开皇律〉》，《首都师范大学学报（社科版）》2009年第2期。

第二章

凤凰山：不可小觑的西南屏障

北宋衰微，王朝内外风雨飘摇

宋宣和二年（1120）十月，当史上有名的"艺术皇帝"宋徽宗还在宫里写他流芳百世的瘦金体时，万料不到，远在江南会突然有人聚众起义。

这个人名叫方腊。

他在《水浒传》中"出道"，为世人广知，在历史上，还真的有这么一个人。

方腊，又名方十三，北宋末年睦州青溪县（今杭州淳安）人，以经营一家漆园为生。

彼时宋徽宗赵佶继位已有二十年，虽然他即位后主张启用以王安石变法为基础的绍述新法，颇有些锐意进取之姿，然而他本身却尊信道教，大兴土木建造道观，手下重用的大臣也不是什么善茬。以蔡京为首的宋朝官员完全没有王安石变法时期力图改变国家积贫积弱现状的本意，反而扩大了该法的局限性，让其成了官员聚财的工具。他们打着增加国家收入的名号，肆意压榨底层贫苦人民，反而加剧了国家内部的矛盾。

漆园园主方腊就是受压榨者之一。

他的漆园经常被造作局的官员强取木材，他本就怀恨在心，不敢发作。又逢宋徽宗赵佶要在汴京修建"艮岳"，其宠臣朱勔在南方大肆搜刮奇石，引得民怨沸腾。方腊便趁机在暗中笼络那些贫困失业、心怀不满的人，如此在时日累积之下，竟然真的聚起了一大群人。

直至宣和二年（1120）十月，方腊终于做好了准备，在洞源里（又名帮源里，在今杭州淳安）率众起义。他被推为"圣公"，改元永乐，设置官吏将帅，以头巾区别等级，从红巾往上分六等。

初时他不过是一名漆园园主，无兵无粮。举旗造反之后，军队尚没有配备弓箭、盔甲，在誓师时，他义愤填膺地控诉："如今赋役繁重，官吏贪腐，鱼肉乡民。我赖以为生的漆园不过产些木材染料，依然被他们予取予求，以至于入不敷出。且他们在耽于享乐、挥金如土之余，每年还要给西、北的胡虏上供数万白银布匹，这些不都是民脂民膏吗？！我们百姓终年辛苦劳作，尚有妻儿冻死，连吃一顿饱饭都成了奢望，诸位难道能就此忍耐下去吗？！"本来惶惶不安的百姓听了，悲愤难抑，纷纷投身进来，不到十天就有数万人参加起义。

义军壮大如此之快，朝廷自然坐不住了。两浙路督监蔡遵、颜坦率五千宋军前来镇压。宋军来势汹汹，傍晚就到达了息坑（在今杭州淳安）附近。两个将军自恃兵卒善战，以为对方不过平民而已，草草侦察一番后便下令安营造饭，却不知方腊早就在息坑设伏。待时机一到，方腊立刻派人引诱，做出不敌的姿态将宋军引入息坑的深涧密林之中，再领伏兵主力奋起冲杀，包抄了宋军。那一夜，息坑火光冲天，杀声四起，蔡遵当场战死，颜坦眼见五千宋军全军覆没，拔剑自杀，方腊军首战告捷，士气大振。

十一月，方腊领兵攻克青溪县城，随后又于十二月攻下睦州及各县，随即兵分两路：方腊麾下大将方七佛沿江东下，取桐庐、富阳，直逼杭州；方腊自领大军溯江西上，攻克歙州。接着，方腊又兵分三路：一路往西攻祁门、婺源；一路往南夺取绩溪、宁国；他自己则亲率大军攻打杭州。

十二月底，方腊军兵临杭州城下。

杭州倚钱塘天险，纵使已经占领了周边城市，但要

方腊像

直接沿江攻入，就算义军士气再盛，也不是那么轻而易举的事。

但有意思的是，杭州守将似乎也认为自己有恃无恐，除了在江岸严阵以待之外，并无任何主动出击的意图。

方腊坐在帐中，看着杭州的城舆图，已经许久没有说话了。

一旁其他义军将领垂首等着，忍不住露出些许怀疑的神色。

虽然之前随着方腊饱尝了胜利的滋味，但是成军短短一个多月，就放言要打杭州，相比之前那些小县城，这次的目标着实有些太大了，让不久前还连饭都吃不饱的人，莫名地有了种可望而不可即的感觉。

但是人都到这了，官吏乡绅业已杀了一路，除了硬着头皮往上走，再没有回头的路了。

沉默中，一个将领走了出来，抱拳道："圣公，当下该如何是好？"

方腊眉头紧锁，眼神扫过钱塘江，定在了杭州西南处，细细一思索，眉头忽然舒展了开来。

将领随着他的眼神看去，明白了："凤凰山？"

方腊点头："凤凰山。"

凤凰山位于杭州西南面，北近西湖，南临钱塘江，形若飞凤，故名凤凰山，地理位置优越，半环着杭州城，是一道天然的屏障。五代吴越国将杭州设为国都，以隋朝建州为基础为其筑起了子城，杭州第一次成为都城。

彼时的宋人尚未料到，这个江南首府，会在不久以后成为义军的新都城。而凤凰山，正是他们的皇城所在。

"派人去探探这山，"方腊道，"看守备是否严密。"

"是！"

不久以后，来人回报："禀圣公！城内主力皆被调往江岸，凤凰山守军寥寥！"

"哼！蠢货！"方腊冷笑，"传我命令，即刻往西，直接绕道凤凰山，我们打他们个措手不及！"

"是！圣公英明！"

天生为屏的凤凰山，此时在义军首领方腊的眼中，却成了一个攻下杭州的最大机会。

此时，杭州城内的官员正聚在钱塘江边，往南张望，不知道方腊的军队何时打来。

"大人，还未见到反贼！"信使来报。

"什么？不是说他们早就启程过来了吗！再探！"知州赵霆怒道。

"是！"传令兵下去了。

"莫非今天不过来了？"杭州制置使陈建搓着手，不安道。

"极有可能。"赵霆得意道，"反贼到底是反贼，不过一群乱民而已，饭都吃不饱也敢造反，得了点小利，竟然还敢肖想起杭州了，也不看看自己几斤几两，也不怕自己撑着。"

廉访使赵约却没有那么乐观："赵大人，可还有其他进城之路？"

"没有！"赵霆斩钉截铁，"西有西湖，南有凤凰，东有钱塘，我们杭州易守难攻，他们若是从南面过来，又是溯江而上，此乃必经之路！"

"他们会不会……翻山？"

赵霆一愣，慌乱之色一闪而过，转而坚定道："绝无可能，大人你有所不知，凤凰山虽然高不及五岳，广不及秦岭，然而于我们杭州亦已是个巨障，山上密林幽深，还有猛兽毒蛇，便是白日也无法轻易翻过，这眼看天都黑了，没人能毫发无损地过来。"

赵约半信半疑，犹有忧色，但依然点头："既然如此，那，我便放心了。"

然而没过多久，突然有人连滚带爬地冲进营帐："大人！不好了！凤凰山，凤凰山，反贼过凤凰山啦！"

"什么？！"几人皆大惊失色，猛地站起来。

"此话当真？！莫不是把山火错看了吧！"知州赵霆一脸苍白，甚至恼羞成怒，"误报军情，该当何罪！"

"小的不敢！原本山头冒火光，也以为是走了水，可，可现在人都冲下来了！"来人一脸脏污，哭道，"小的是拼死出来报信的！"

"好啊你！阵前脱逃，罪加一等！"赵霆怒喝，大步走出去，还不忘回头叮嘱，"二位大人莫慌，山边也有驻军，我这就去部署防守，定不让那群贼子入杭州一步！"

剩下两人本就六神无主，此时宛如找到了主心骨，连连点头，翘首期待。

可等了没一会儿，又有兵士冲进来，哭丧着脸："二位大人！知州大人，知州大人他……"

"赵大人如何了？！"两人下意识想到某个可能，已经面露悲怆。

"知州大人他，跑啦！"

"什么？！"悲怆一瞬间空白，又立刻变成惊怒，两人一起怒吼，"赵霆！你个狗贼！"

南有起义军过凤凰山兵临城下，北有其他趁势起义的起义军策应，西有西湖水如墨一潭，东又有钱塘江在夜色中漆黑一片，便是逃都无处可逃！

听着外头兵荒马乱刀剑交击之声越来越响越来越近，两人对视一眼，终究只能哀叹一声，站起身来。

"只能请降了。"

谁又能想到，一语成谶，那赵霆口中的"杭州巨障"，竟真的成了反贼的入城捷径。

但凡多哪怕一支守军，也不至于如此被动，敞着山门，任方腊军进了杭州城。

宋宣和二年（1120）十二月二十九日，方腊与方七佛会师凤凰山下，乘虚夜袭杭州，杭州知州赵霆闻讯弃城而逃，制置使陈建、廉访使赵约出城请降被处死。如此，忽视了凤凰山防御的杭州几乎等于敞开了怀抱，迎接方腊军，被方腊几乎不费吹灰之力就拿下了。

杭州陷落。

与天搏命，孤注一掷终非枉然

"嘭！"一个茶杯被挥落，碎了一地。

底下大臣跪了一地，耳边只能听到宋徽宗赵佶愤怒的喘息。

"两个月了！现在才告诉朕？你们是想等他们打到这儿，让朕亲自会会他们吗？！"赵佶怒喝，"王黼！你罪该万死！"

宰相王黼跪在最前面，大气都不敢出，整个人抖如筛糠。

没错，为了粉饰太平，王黼竟然故意隐瞒不报，一来以为东南驻军可以轻易解决这"小纷争"，二来若是让赵佶知道南方民怨沸腾，定会追查原因，届时他们压榨民脂民膏的事情就会暴露，财路断了不说，命都不一定能保住。

然而这一私心却直接导致义军力量日益壮大，再也无法轻易镇压。

若不是发运使陈亨伯在朝会上突然请求调禁兵及鼎、澧两州的枪牌手兼程赶往镇压，防止义军势力扩大，赵佶还不一定知道前线战局已经失利至此。

"查出他们为何造反了吗？"赵佶也不是无能狂怒之人，事已至此，他只能按下怒意，冷声问道。

"禀陛下，应，应是应奉局，为了建造艮岳，在采买奇花异石的时候，行事，过了点。"

"只是过了点？"赵佶咬牙，加重了"点"字。

王黼头更低，支支吾吾："是，是太过了。"

赵佶冷哼一声，背过身去沉吟许久，道："童贯！"

枢密院事童贯跪在一旁，低头应是。

"拟诏，废除应奉局。"

底下大臣闻言，偷偷面面相觑，神色各异，大多面露苦涩。

应奉局本为造作局，置于苏杭，专门制造宫廷所用珍巧器物，后总领花石纲。花石纲即专门搜罗东南各地奇花异石、名木佳果，由水陆运送至京师的特殊交通渠道。此后便成了朝臣借机搜刮民脂民膏的地方。这个部门引起民愤，实在再正常不过。

怒涛卷霜雪

HANG

ZHOU

然而废除应奉局，除了断了大臣的财路，于当前的局势，已经没有太大意义了。

但赵佶已经下令，君王一言，驷马难追，自然是不能收回了。

童贯只能应是。

"另，停止北伐攻辽。"赵佶又道，"让将士都回来。"

"是！"文武朝臣一齐应道。

"南下镇压一事，容朕想想。"赵佶说完，神情分外疲惫。

北有辽国虎视眈眈，他本欲北伐消除隐患，却没想到内忧来得如此突然，一时间竟然有种心力交瘁的感觉。

朝臣们跪了一地，看着赵佶清瘦的身影渐渐消失在帷幕后，那天光照不见的地方，阴影丛生，宛如这国家昏暗的未来。

当晚，圣旨就下来了，赵佶遣童贯为江、淮、荆、浙等路宣抚制置使，谭稹为制置使，王凛为统制，率禁军及秦、晋二地蕃、汉兵共十五万，前往东南，镇压方腊。

宋宣和三年（1121）正月，刚在杭州站稳脚跟的方腊趁热打铁，立刻派方七佛领兵六万北上秀州（今浙江嘉兴），但连攻不下，还与南下的童贯军遭遇。在童贯军与嘉兴守军内外夹击之下，方七佛军伤亡惨重，仅一战就被杀伤九千人，尸体筑起了九座高台，逼得方七佛仓促退兵。带出去六万兵士，撤回杭州时却只剩下二万。方腊所领的西南战线在最初势如破竹,一路连破婺、衢、处三州,然而当他分兵一支西征信州(今江西上饶)时,却连日不克,反受损失,也停滞了下来。而此时,浙东各地响应而起的义军亦处境日下,粮草兵士日渐不足,自此,义军不得已之下,只得收拢阵仗,改攻势为守势。

可宋军怎会给义军休养生息的机会。

二月,童贯、谭稹先后抵达杭州城外。此时尚未开春,杭州城内已经粮尽,方腊见宋军来势汹汹,心中还存有一线希望,留了方七佛守城,自己领军出城。宋军水陆并进,很快将杭州围得如铁桶一般。方七佛见势不妙,于二月十八日领兵突围,受到宋军猛烈的围剿,两万义军牺牲。自此,杭州被攻破。

是月,宋徽宗赵佶连下七次"赦罪招安"诏,要方腊缴械投降,方腊不应。反而于三月初再次攻打杭州,与宋将王禀战于城外,又败。与此同时,又有宋将刘延庆、王禀、王涣、杨惟忠、辛兴忠相继率兵赶来,开始逐步收复周边被义军占领的城池,富阳、新登、桐庐相继被收复。三月下旬,义军从睦州城败走,到四月二十日,方腊的家乡——青溪被宋东路军攻陷。

收复青溪后,宋军直扑方腊起兵之地,亦是义军根据地帮源。其时,西路宋军已陷歙州,亦于四月二十三日赶到了帮源,与东路军汇合,夹击义军。此时,由于婺、衢、处三州早已被宋军攻陷,方腊军仅剩下帮源一处据点,自宣和二年(1120)十月九日方腊在此起兵至今,不过半年时间,一切又回到了原点。

义军已成孤军。

最终决战要来了。

四月二十四日，西路宋军主力攻入门岭南山口，方腊军仍据险抵抗，六百余义军牺牲。傍晚，东路宋军也杀入帮源。方腊被迫带家人及亲信退往洞源村东北石洞躲藏，并指挥义军退入深山，据险力战。

此时，方腊约莫还有一丝反抗之心，但若是他知道

韩世忠

071

带领东路军追击他的将领是谁，怕是不会那么乐观了。

带兵追击他的将领，名叫韩世忠。

从后世角度看，韩世忠自然是一毋庸置疑的名将。他英勇善战，为人耿直，曾为岳飞之冤鸣不平，史称其"固将帅中社稷臣也"，与岳飞、张俊、刘光世合称"中兴四将"。而此时他不过宋统制王禀手下一裨将。但在之前出击方腊的过程中，却已经战果累累。

他于宣和三年（1121）随刘延庆出征，抵达杭州后，正是他用伏兵计堵住方七佛的突围之路，杀伤义军数万。由此被先锋将王渊称赞为"万人敌"，立下首功。之后他更是势若猛虎，一路破睦州，过青溪，来到帮源。如今，他奉王禀之命，开始搜捕方腊。

未来的名将出手，自然不会野蛮作业。他先向当地百姓询得捷径，渡险数里，直抵义军大营。又考虑到方腊躲于洞穴中，作战不便，便策反了方腊身边的亲信方京，命他将方腊骗出洞穴。

四月二十七日，方腊等人被叛徒方京骗出了山洞，被守在洞外的韩世忠堵个正着，双方一番激战过后，韩世忠连杀数十人，方腊终究力竭被俘，麾下义军七万人被杀。

宋宣和三年（1121）八月二十四日，方腊及妻邵氏、子方毫、宰相方肥等在汴京被处决。

方腊起义历时一年多，前后攻克六州五十二县，纵横七百余里，即便方腊死后，其他几路起义军依然在继续坚持斗争，直到次年三月才被陆续镇压完，堪称北宋末年规模最大的一次农民起义。

方腊起义主要源于贪官污吏和地主土豪对平民百姓的强取豪夺和压榨，若不是民怨沸腾至顶点，万不会给方腊短短几日聚众过万的机会。

方腊起义顺应民意，沉重地打击了北宋地主阶级在东南地区的黑暗统治，让饱受贪官欺凌的百姓在北宋末年那内忧外患的日子里得了一丝喘息的空间。同时，虽然方腊起义并未从根本上动摇北宋王朝的统治，但是在这一年多时间，牵制数十万宋军，辗转近千里战斗，大大削弱了北宋的国力，令本就空虚的国库雪上加霜，在很大程度上，加速了北宋的灭亡。

可归根结底，前人之事，就如凤凰山上的那朵明光，是山火还是方腊，也只能容前人自己体会了。

参考文献

1.苏金源、李春圃编：《宋代三次农民起义史料汇编》，中华书局，1963 年。

2.〔元〕脱脱等：《宋史》，中华书局，1985 年。

3.黄威：《二十五史大讲堂（双色图文版）》，中国华侨出版社，2018 年。

第四章

杭州湾：屹立不倒的抗倭重镇

面朝大海，盛世之侧窥伺难防

杭州湾，钱塘江入海口也，它地处扼要，东接舟山群岛，北临上海，南连宁绍平原，面朝滔滔东海，随着北面长江三角洲的伸展，杭州湾逐渐形成了如今的模样。溯钱塘江往上，第一道关，便是钱塘江下游的杭州。

明朝东南沿海的倭患，便自此始。

倭寇，顾名思义，是由日本没落武士、浪人和商人组成的武装海盗，13世纪末，中国元朝时期就已经出现。彼时日本施行海禁政策，然而当时日本手工业尚不发达，日本的许多生活必需品如丝、布、锅、针及药材等都靠中国供给。尤其是当中国处于特殊时期，自身供应量都不足，物价飞涨之时，日本国内更是见风就涨，最甚者有原本价值的十倍之多。以至于日本封建领主、贵族、武士、商人竞相与中国贸易。所谓人为财死，鸟为食亡，暴利之下必有勇夫，即便日本本身在海禁，依然阻挡不了日本商人兼海盗冲破本国的封锁线前来中国贸易。

然而到了14世纪中叶，日本忽然进入分裂时期，即同时出现南、北两个天皇，并有各自的传承，两个天皇自然谁也不服谁，日本就此陷入战乱，封建诸侯割据，互相攻战，争权夺利。在战争中失败的一些南朝封建主，组织武士、商人和浪人到中国沿海地区进行武装走私和抢劫烧杀的海盗活动，由此得来了"倭寇"之名。

然而彼时，倭寇犯边还只是小打小闹。真正发展为大型灾难的，则是进入明朝时期。

自明朝开始，倭患逐渐成为东南沿海的"热搜词汇"。明朝建立后，东南沿海一带凭借着地理位置和原有的基础，农业、手工业得到了恢复和发展，在此基础上，商品经济也日益繁荣起来。正德年间，私人海外贸易开始得到发展。到嘉靖时期，私人海外贸易形成大规模，达到非常繁荣的程度。利润上的巨大差距，导致嘉靖年间东南沿海各地形成了许多私人海上贸易集团。而在这段时间，日本南北朝在战乱中逐渐统一，北朝获得了胜利，南朝的武士、失意政客和浪人失去了依托，于是流落海上，盘踞海岛，不时侵扰中国沿海，到嘉靖年间，已经发展到顶峰。原本在洪武年间一年来不到五次的倭寇，在嘉靖年间猛增到年均近五十次，可谓隔三岔五就来那么一下，史称"嘉靖倭乱"。并且原本倭寇大多是大股侵扰中国北方如山东、辽东等地，自永乐年间开始，来袭倭寇改变了游击式的袭扰方式，袭扰对象开始南移，逐渐开始出现在了浙江等东南沿海地区。

虽然自洪武以来，一直有倭寇在沿海猖獗，但是大部分时候他们都只在澉浦（今浙江海盐）附近流窜，从未如此接近过杭州。百姓猝不及防之下，惨遭劫掠，周边州府听闻后大惊，立刻整兵备战，严阵以待，然而这波流寇颇为狡猾，抢完就跑，转头再次啸聚他处，泱泱大明千里海岸线，竟然奈何他们不得。

彼时如何应对倭患，其实一直是明朝廷头痛的问题。早在洪武年间，朝廷就已经屡次重申"禁濒海民私通海外诸国"之令，明白地针对的就是邻国日本。然而此令传于后世却成了饱受抨击的"禁海"令，成了明朝廷闭关锁国的标志。

深究此令，其实明朝廷这骂挨得并不冤枉。人家倭寇袭扰沿海，那打回去不就得了，为什么不让自己人民出海呢？然而考虑到当时中日两国，尤其是日本的情况，其实却是可以看出此令颁布的几分苦衷。

自倭患伊始，明朝廷就已经开始积极遣使与日本沟通，要求他们加大力度管束自家的"问题儿童"。然而日本虽然满口答应，倭患却还是愈演愈烈，明朝廷三番五次交涉不见成效后，细细一想，也明白了症结所在。

当时日本处于南北朝时期，后又进入所谓的战国时代，各方势力是你方唱罢我登场，根本没有足够强势的中央政府去操心沿海那些流寇，即便是有心也无力。明史就有载，洪武九年（1376）三月，日本怀良遣僧人奉表向明朝贡马及方物并谢罪。明朝还赏赐使节使还，同时因所上表中"词语不诚"，回书劝其"务修仁政，以格天心，以免国中之内祸"。

宁愿退还朝贡也要抗议，明朝廷对倭寇的厌恶程度，可见一斑了。

当时明朝廷颁布海禁，其实禁的并非是所有船只，而是禁止"私出海"，意为须得持有票号文引，即得了官方许可方能出海。另外还有诸如不得建造"违式大船"，放到现在差不多意思是不许渔民、商人建造军舰，以防影响海岸防务，或被倭寇劫掠盗用，更甚者亦是为了防止有居心不良之人勾结倭寇，倒打一耙。除了在大型通商上严格把关以外，并不妨碍沿海小民捕鱼的生计，也没有禁止民间近海通商。总的来说，明朝廷颁布的所谓"海禁"政策，根本立意就在于针对倭患，并不曾想封闭自身与他国的通商往来，也不想妨碍沿海人民的生计。只不过千防万防，终究防不了无孔不入，穷凶极恶的倭寇。

自洪武以来，明朝君主对待日本的态度从交好到审视到敌视，其变化极为明显。明朝初建之时，明太祖原本积极建交，之后屡次遣使抗议，最后发现不可为。为了抵御倭寇的入侵，自明初开始，就实行了"军卫法"，将沿海地区划分为广东、福建、浙江、南直隶、山东、辽东、鸭绿江七大海防区，即在北起辽东、南至广东的万里海疆设置备倭行都司、卫所、巡检司，其中闽、浙便是终点设防区。在那儿修城筑寨，共建有 58 卫、89 所。当时余姚境内有临山卫、三山所（今慈溪浒山），是洪武二十年（1387）由信国公汤和率众所筑。汤和还在临山卫东、西设置了 3 个关隘，泗门隘是其中之一。又在临山卫周围设置了 9 个烽堠，泗门大古塘上的烽堠，有兵丁 5 名，还有报晨鸡、报警犬各 1 只，遇紧急情况就朝烟暮火，随时报警。

这样还不够，朱元璋还出台了巡防制度，如杭州、绍兴等海防卫所，"每至春则发舟师出海，分行嘉兴、澉浦、松江、金山，防御倭夷，迨秋乃还"。洪武十六年（1383），朱元璋派信国公汤和巡视沿海防务。十九年（1386），朱元璋采纳方鸣谦提出的陆、海兼防，以陆地海岸防御为主的策略，即"倭海上来，则海上御之耳。请量地缘尽，置卫所，陆聚步兵，水具战舰，则倭不得入，人亦不得傅案。近海民四丁籍一，以为军，戍守之，可无烦客兵也"。如此，自明初征沿海戍民，建卫所，百年不变，可见海防局势的紧张。

即使如此，只有千日做贼，哪有千日防贼的，倭寇还是不期而入。

江口逐倭，军民同心共克倭乱

明嘉靖二十九年（1550），本来安定祥和的萧山西兴，突然出现了一股倭寇，杀人抢物，饱掠而去。

萧山西兴，位于钱塘江南岸，自古为"浙东首地，宁、绍、台之襟喉"。西兴古镇西端连接着浙东古运河的源头，是浙东古运河的发源之地，浙东古运河途经萧山、绍兴、上虞、余姚、宁波，在镇海城南注入东海。作为一个南来北往的中转码头，西兴曾一度为浙东首盛之地，又因其交通发达，地势险要，是当之无愧的两浙之门户。

倭寇会将这儿作为目标，当真是做足了功课，此番劫掠完全出乎当地军民意料，经过一番忙乱的抵抗后，依旧让倭寇满载而归。

原以为不过是倭寇一时兴起，却不料，自嘉靖二十九年（1550），倭寇杀人抢劫扬长而去后，从此一发不可收拾。嘉靖三十二年（1553）四月，倭寇再次袭扰，自东海潜入，直奔萧山鳖子门。

萧山鳖子门于今天可能是一个陌生的词汇，然而它曾经是杭州沿海地区一个重要的地标。鳖子门又名海门，是钱塘江入海口，对于它究竟在何处，曾经一度有过争议，而根据清初历史地理大家顾祖禹《读史方舆纪要》记载："龛山与赭山对峙，旁有小山，曰鳖子山，江出其中，故有鳖子门之名，亦曰海门，为钱塘之锁钥"，以及《萧山围垦志》《萧山水利志》的记载，乃位于赭山、龛山之间，故有清代诗曰："龛山赭山屹两拳，咽峙海门如覆斗。"

（《傅堤歌》）。

赭山至今依然存在于杭州萧山区南阳街道，而龛山则在近现代被改名为坎山，现隶属于萧山瓜沥镇。

作为钱塘"潮文化"的起源地，鳖子门曾是当地百姓看潮头、捞潮头鱼的黄金宝地。然而龛山和赭山一线作为浙东浙西的分界线，它的历史以及地理意义绝不仅于此。

自吴越起，它便是重要的海防要塞，前文提到过的范蠡修筑城防船坞以屯兵抗吴之地，便在此处。之后北宋开宝年间又在此设"龛山寨"，派驻军队镇守。而到了明朝，倭乱渐生，此地的军事意义便更为重大，龛山以北的烟墩山山顶便有一处明朝修建的烽火台，旧称"赭山巡检司城"，史载系明将胡大海所建。

萧山鳖子门于当时的战略意义，不可谓不重要了。

或许这波倭寇本以为他们会故技重施再次大赚一笔，然而他们万万没想到，这次等在他们面前的，是一个怎样的对手。

"一而再！再而三！真当我大明是那软柿子，可肆意揉捏吗！"怒声自营帐中传出，随后便听剑声嘶鸣，一勇武悍将自帐中掀帘而出，怒发冲冠，令两旁士兵皆战战兢兢。

此人便是汤克宽，当下虽然只是个参将，却已经于抗倭一道浸淫多年，他早已听闻之前倭寇在此地兴风作浪的事情，每日摩拳擦掌就等着这一天。

“点兵！出战！”他上马怒喝，“该让他们尝尝自食其果的滋味了！”

汤克宽出兵素来雷厉风行，当即带兵日夜赶赴鳌子门，途中已经了解了对手的情况。

“将军！来犯者首领名为萧显，已在沿海作乱多时！如今还在龛山附近盘踞不去！”

“萧显？哼，伪倭！”汤克宽咬牙切齿，“此等败类，决不能放过！”

伪倭，便是与日本贼寇沆瀣一气劫掠东南沿海的大明海贼。

明初，败于朱元璋之手的元末群雄的残党纷纷“下海”，与日本海贼串通起来，以日本的一些岛屿为据点，竟然反过来开始侵扰大明及朝鲜的疆土。而明帝国在朱元璋的治理下，日益繁盛，不仅带动了国内的商品经济，也让私人海外贸易日益壮大。

从大明开出的一条条满载着商品的船只，于盘踞近海诸岛的海贼来说，无异于一块块送上门的肥肉，不张口吃下，简直对不起他们的“职业素养”。一时间私人商船被频频劫掠，更有胆大包天者，甚至敢朝官船下手，海上一度血雨腥风，令大明的军民蒙受了巨大的损失。在与日本交涉不成的情况下，朱元璋一怒之下，下令“片板不得下海”，即“禁海令”，严禁私人海外贸易。

可此时，早已尝到了甜头的海贼怎愿罢休，既然你的船不下海，那就我来上岸。其中，自然有早已抛却同胞之情，将屠刀指向了家乡的明朝海贼。他们数量之多不亚于倭寇，盘踞小岛，呼啸沿海，且手段残忍，奸猾狡诈，对沿海军民造成了巨大的破坏。相比倭寇，明朝军民对他们的感情在仇恨之上则更多了一份嫌恶，称其为"伪倭"，言谈间更是将其与倭寇划为一列，可见早已将其踢出了明朝的"户口本"。

得知这次来犯的是"伪倭"萧显，汤克宽愈发愤恨，当即出马如疾风迅雷，转瞬间便已经杀至萧显一众的面前。那些伪倭本就是乌合之众，凭着一腔凶悍烧杀抢掠，欺负欺负百姓尚还有余力，碰到大明正规军那自然是立刻丢盔弃甲。

伪倭屡屡得手，早已忘了他们劫掠的是一个怎样强盛的帝国。甫一遇到明军还想负隅顽抗一下，谁料一触即溃，转瞬间就丢盔弃甲，溃不成军，于是便下意识地想从来路逃回去。可是鳖子门作为海门，本就有龛山和赭山两座大山耸立左右，他们只能从狭小的鳖子门逃窜，被早有准备的汤克宽和当地军民前后夹击，二百余人被当场擒于鳖子门。

贼首萧显亦被生擒，他跪在地上，犹自匪气不减，在那儿污言秽语，显得很是不服气，这颗蠢笨的脑子还没有意识到他面临的是什么，甚至觉得汤克宽如他之前遇到的大明百姓一样也是好欺负的。

汤克宽冷冷地看着他，给了旁边一个眼神，一个士兵走到萧显的面前，缓缓举起了大刀。

萧显终于慌了，他骂声一顿，话锋急转，立刻变成了求饶，其中竟然还夹杂了些许的日语。然而这反而加速了他死亡的进程，汤克宽闻之，几乎气笑了，问道："萧显，你可知罪？！"

"大大大大人！小的知错！小的知罪！小的，小的再也不敢了！"

"知道了？晚了！"汤克宽大手一挥，刽子手手起刀落，只听沉闷的噗一声，萧显的脑袋落在地上，缓缓滚动了一会儿，将将要掉入海中。

汤克宽与众将士冷眼看着这一幕，咬牙道："倭贼！死不足惜！"

"将军！其余二百余人如何处置？"下首士兵抱拳问道。

"留着作甚！"

"是！"

这一日，鳖子门外海水殷红一片。

然而，这般威慑并没有拦住倭寇的脚步。嘉靖三十三年（1554）七月，倭寇又自於潜下，出现在分水县外。

倭寇屡屡出现，把沿海的百姓也都锻炼成了战斗达人，中国如此长的海岸线，明朝再多的兵力也有不足，而倭寇又飘忽不定，故而明朝廷特别下旨命令地方上举办"团练"。于是各地纷纷组建乡勇，积极操练，以应对突然出现的倭寇。

倭寇都是些亡命之徒，天性剽悍嗜杀，他们所持的长刀刃长五尺，后用铜护刃一尺，柄长一尺五，共六尺五寸，加之倭寇又善跃，向前一跳就有一丈余。而当时明朝所使用的兵器都是短器，所谓短不接长，虽然乡兵大多是遭倭患而家破人亡的青壮年农民，他们怀着国仇家恨奋力厮杀，可是往往还没靠近倭寇，反被倭寇杀死。倭寇的弓箭也很厉害，他们用的都是劲弓重箭，不轻发，发必中人，中者必死。而乡兵所持的都是软弓轻箭，杀伤力极小，倭寇中有善战者甚至能徒手接箭，并以此为荣，每每战罢，看乡勇悲愤无奈，还拍拍屁股来侮辱乡兵，可谓是拉满了嘲讽。

可总是如此，家国被扰，谁又能坐视不理？

得到倭患警讯，在分水县县令陈应选的带领下，乡勇筑垒设防，并在分水江两岸设置伏兵。待倭寇到达时，群起以石头攻之，倭寇猝不及防，纷纷倒毙，只能转头流窜，一路祸害到六管（今桐庐东辉乡）。此时沿海各部早已得到消息，各关隘重兵把守，密不透风，倭寇但凡敢露头，全都枪石招呼。倭寇只能继续流窜逃往蒿源（在今杭州桐庐），此时东南沿海早已经严阵以待，凭借对地势的熟悉守株待兔，等倭寇路过时暴起发难，乡勇冲杀上去，对着倭寇一阵砍杀，倭寇虽然凶悍，但依然抵挡不住，几乎全军覆没。

然而此等阵仗不管对倭寇还是对沿海百姓来说都只能说是小打小闹，只是此次乃倭寇第一次距离杭州如此之近，无形间似乎是给沿海的守将敲响了警钟。可不幸的是，大明朝廷尚未意识到这一点。

危及杭州，钱塘祸起雷峰遗恨

嘉靖三十四年（1555）正月，倭寇突然大股侵袭，自杭州湾登陆，一路入侵，掳掠嘉兴、湖州等地后又转南，沿途大肆劫掠，甚至进逼杭州。这一战，倭寇杀人山积，血流成河，过处无不哀鸿遍野，把年味都染成了血色。

沿海守军一路追击，将其又杀了回去。谁料五个月后，五月二十八日，倭寇再次登陆杭州湾，而这一次，他们却食髓知味，开始变本加厉，浩浩荡荡进犯沿海多地。

嘉靖三十四年（1555）六月，上虞沥海，百余倭寇的身影突然出现，转瞬就进犯至会稽皋埠（在今绍兴越城区），他们穷凶极恶，一路滥杀，连身居御史的钱鲸都不及躲避，被杀死在城外。百姓自然人人自危，四散奔逃，转眼危讯就传至附近的余姚，时任余姚县令的谢志望闻讯，当即组织乡勇赶赴会稽，欲阻止倭寇继续进犯。

谢志望乃官宦世家出身，本身才华横溢颇有抱负，自上任以来，他出资募集了乡勇五百人，分作三队，划汝仇湖地百余亩为校场，日夜操练。泗门传统庙会中的大盘阵，传说就是谢志望创编的军事列阵形式，有剪刀阵、梅花阵等阵形，队伍聚散灵活，变化多端。他还动员附近百姓进行军事演练，配备刀枪、铳炮等武器，还设置锣鼓、讯号等，分段把守大古塘等要隘，一遇倭警，即鸣锣集众，共驱倭寇。

此时倭寇登陆，他一直以来做的准备便有了用武之地。他一路带兵冲至会稽，身先士卒，手提长剑在阵前指挥，让乡勇按阵法步步推进，很快就阻住了倭寇前进的脚步。而另一边，余姚的百姓本听闻御史被杀，早已绝望，如今见这么快有援军赶到，欣喜之下亦被激发了反抗的勇气，他们没有武器，便在远处敲锣打鼓，呐喊助战。又在谢志望的授意之下，在四周沟渠、山林之中树数百大旗，营造出一副千军万马的气势。

倭寇一击不成，又见此阵仗，当即被吓破了胆，丢下几具尸体后抱头鼠窜，转头往杭州方向奔去。

余姚是松了一口气了，然而他们万万没想到的是，这一战的胜利，却是杭州噩梦的开始。

倭寇直奔杭州，转眼就攻到了杭州城下。

先来的，是周边乡村的避难者。

惊慌的人们失去了家园，只得奔逃至杭州城下哭号求救，本被城内守军拒绝，直至杭州提学副使阮鹗提着剑去下令，乡民才得以进城避难。

而倭寇也转瞬跟至，竟然开始攻打起杭州城，这一次当真前无古人，从没人想过倭寇竟然胆大至此，居然敢袭扰杭州。幸而之前倭寇大举侵袭之时，杭州便已经有了防备，当局为了加强防守，特地在城楼和海塘（涌金门附近）防御位置布置了红夷大炮，一见倭寇兵临城下，当即使用火炮防御。然而倭寇素来在劫掠之时悍不畏死，顶着火炮还连续攻打了十日，都不得成功，只能转而往北继续烧杀抢掠。

贼寇入不了杭州城门，便一路自江口至西兴坝而去，从留下到北新关，方圆近四十里，几乎被掳掠焚毁一空。时任总督的张经又驻扎嘉兴，不知何时才能带兵赶到。到六月六日，恰逢大风，助长了城外的大火，火势直逼城内，守城者几乎难以站稳。钱塘门外的昭庆寺被火焚毁，更有甚者，在路过雷峰塔时，因为怀疑塔中藏有明军的伏兵，倭寇便纵火烧掉了塔外围的木构檐廊。火灾后的雷峰塔仅仅剩下砖砌的塔身，塔身通体赤红，变得残缺破败。

　　杭州已经到了即将陷落的最危急的时刻。直到第二日，张经派遣的永顺宣慰史彭翼南、保靖宣慰史彭荩臣终于带兵赶到塘栖，在那儿截杀了劫掠官船冒充明军的倭寇二百余人，然而等再行进攻之时，倭寇已经呼啸而去。

　　七月，倭寇转掠杭州城北北新关以及於潜、昌化、淳安等地，才餍足而去。

　　这一番劫掠，倭寇仅百余人，却攻掠了芜湖、太平等州县二十余处，不仅祸及杭州，甚至直逼留都南京城下，横行八十余日，杀死、杀伤官兵四五千人。明军救援不力，全靠沿途百姓民勇奋勇抗争。

　　消息传到了明朝廷，嘉靖帝朱厚熜闻讯大怒，立刻召集廷议。

　　"贼子如此猖狂！当我们大明朝廷是死的吗！"

　　底下大臣看皇上今日竟如此清醒，害怕之中还带着一点点不习惯。

　　朱厚熜很久没有这么精神清醒了。

　　明世宗朱厚熜，是明武宗朱厚照之弟，朱厚照驾崩后，没有留下子嗣，皇位就这么落到了朱厚熜头上。如此一看，这位前王爷也算是一个"天选之子"。

　　即位之初，他也曾英明苛察，严以驭官、宽以治民、整顿朝纲、减轻赋役，是个勤政爱民的好皇帝，举手投足间都充满着将引领帝国走向辉煌的霸气。然而在后期，这位皇帝崇信道教，并且开始宠幸大奸臣严嵩等人，导致朝政腐败。

在嘉靖二十一年（1542）的"壬寅之变"中，嘉靖帝差点死于宫女之手。然而即便如此，他依然不知反省，干脆放飞了自我，此后长期不理朝政，迷信方士、浪费民力，最终激起民变。他这一生都处于北边蒙古寇边和南边倭寇侵略这"南倭北虏"之患中，或许因此他身心俱疲，干脆撒手不管，一心求仙问道了。

如今嘉靖帝正处于和道教的"蜜月期"，常年仙气飘飘打坐问道，一副不问世事、不管泰山崩不崩的样子。谁料杭州湾周边一事传来，竟让他破天荒地龙颜大怒了。

"浙江的卫所或许当朕是死的吧！"朱厚熜还觉得没骂够，"莫非当真以为朕不知道，杭州湾和杭州虽仅差一字，却相距千里！这么远，竟还能让倭贼长驱直入？看来是被鱼米之乡迷了眼，看不清'死'字怎么写了！"

"皇上息怒！"下面大臣跪了一地，纷纷道。

"息怒？怎么息！是不是还要等倭贼一路从杭州湾打到北京城来，再叫朕应景地气一气？"

"皇上！"大臣闻言惶恐，都低下了头。

"哼！"朱厚熜骂爽了，一挥宽大的道袍，坐在了御座上，沉吟半晌，冷声问，"浙江如今，是谁在管？"

朝臣闻言，沉默了一瞬。

朱厚熜见状，冷眼看向下面："严嵩，你来说。"

底下一个须发皆白的老臣抬起头，正是三朝元老严嵩，后世眼中著名的大奸臣之一，此时他依然受朱厚熜重用，语气也比别的臣子平缓镇定不少："回皇上，如今浙江巡抚是李子承。"

朱厚熜略一回想："（嘉靖）十七年的进士？李天宠？"

"皇上英明，正是他。"

"他怎么办事的？能让倭寇打到杭州去了！"

"皇上，李天宠此人……"严嵩欲言又止，回头看了一眼，身后跪着的是他的干儿子工部侍郎赵文华。

与严嵩一党的，人品不好保证，机灵劲儿却绝对是有的，赵文华仅得严嵩一个眼神，便立刻反应过来，露出了然的神色。

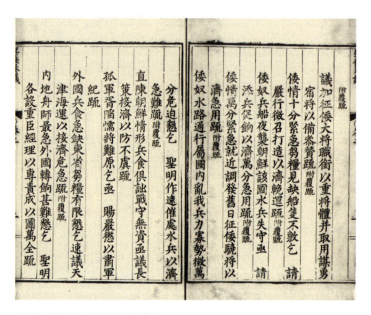

〔明〕邢玠《经略御倭奏议》书影

浙江自古就是繁华丰饶之地，浙江巡抚毫无疑问是个肥差，严嵩一党早就对它垂涎三尺，然而总找不到机会伸手，如今浙江抗倭失利，不正好是个机会？况且，他们这边，也不是没有可以担此重任的人。

朱厚熜站在上面，自然看不到下面群臣的眉来眼去，他抬高声音问："此人如何？"

严嵩低下头："老臣，听闻了一些事情，恐怕，不好明说。"

"有何不能明说的！行正大光明事，就该正大光明说！"

"老臣不过风闻而已，不敢妄言。臣以为，赵侍郎或许知道得更详细些。"

"赵文华，你说！"

赵文华忙一叩首，小心翼翼地站起来，禀告道："启禀皇上，臣也是听胡汝钦讲的。"

"胡汝钦？哦，胡宗宪！是了，他现在也在浙江吧。"朱厚熜记性很好，便是听到字，也很快能想起名字。

"是，他现在任浙江巡按御史，与李天宠共事。他说，李天宠此人虽有大才，却有一些不足为道的小缺憾，就是嗜酒……这次倭贼南侵，听闻他出战之前……那个……小酌了两杯，行止间，就失了些章法。"

赵文华说得委婉，朱厚熜何许人也，怎么会听不出言外之意，当即眉毛一竖："嗜酒废事！你还说是小缺憾？赵文华，你是不是太厚道了！"

赵文华连忙又跪下："臣有罪！臣念着好赖与李天宠同朝为官，不敢言过其实，怕引得龙颜大怒，臣有罪！"

朝中其他大臣见严嵩与赵文华这般一唱一和，都面无表情，共事这么些年，他们当然知道严嵩打的什么主意，奈何严党势大，又颇得皇帝宠幸，在朝堂上可谓是一手遮天，如果不想同流合污，那就只能视而不见，否则这下场……恐怕李天宠很快就是下一个示范了。

"这个李天宠！"果然，朱厚熜一声怒喝，全然不管此时当事人李天宠并不在场，连给自己辩驳一下的机会都没有。

他思索了一下，道："传朕旨意，李天宠嗜酒废事，抗倭有失，即刻革职查办！"

"皇上英明！"下面山呼。

"至于浙江巡抚，"朱厚熜背着手来回走了两圈，"如今倭患源源不断，众卿可有合适的人选，可以一荐？"

所有人都沉默不语，皆等着严嵩一党推人，这空缺好不容易被严党挖出来，怎会有人不识好歹顶上去？

果然，过了许久，只见严嵩一脸无奈地长叹一声，站了出来："启禀皇上，依老臣看，如今倭患紧急，再从他处调派官员恐贻误战机，不如就从浙江选一可造之材顶上，先过了这一关再说。"

"浙江还有谁？"朱厚熜问。

严嵩还道已经暗示得足够，没想到不知道是不是故意的，朱厚熜硬要他说出来，他低下头，一字一顿道："浙江巡按御史，胡宗宪。"

朱厚熜闻言，看了他一会儿，不知是了然还是沉思，终是叹了一声："罢了，传旨下去，胡宗宪，升右佥都御史，巡抚浙江！"

"皇上英明！"群臣齐呼，神色各异。

朝堂之远，远到看不见；朝堂之近，近到一句话就使江南局变。

胡宗宪如愿升任浙江巡抚，来到了杭州。

胡宗宪的心情很复杂，赵文华借他的名义拉下李天宠的事他自然是知道的，在朝堂上这等于说他归入了严党的行列。他深知这是一条不归路，虽然表面上虚与委蛇，实则心里很是冷静谨慎。

如今严党送的这份"大礼"，胡宗宪既然收下了，就不能过河拆桥。所以这一次主持浙江抗倭，不仅在战事上需要费心，而且在如何与赵文华等人相处上，同样需要小心翼翼。这次机会实在来之不易，胡宗宪清楚，势必要干出一番事业来，方能一展宏图，并脱离严党的掌控。

此番倭寇自杭州湾登陆，一路溯江作乱，故而钱塘江边的城市杭州进入了胡宗宪的视野。虽然杭州并非沿海，但是其地理位置非常重要，北可拱卫南京，分东西把守江岸，南可辐射江南，是一个绝佳的海防大后方要塞。

胡宗宪到杭州后，第一件事就是屯重兵数万于杭州，为加强杭州的防守力量，他下令在杭州建造防御工事，尤其对面朝海防区的几个门重点布防。在他的要求下，杭州军民在清波门南筑带湖楼，东南筑定南楼，凤山门西筑襟江楼，艮山门东筑望海楼，多楼并立，以资守望。如此重重保护，让人望而生畏，杭州自此成了真正的杭州湾以西第一海防重镇。

海上抗倭作战

戚继光率军抗倭

　　以杭州为据点，胡宗宪开始大张旗鼓地主持抗倭，准备一鼓作气把倭寇清扫干净。一方面，他招揽、重用杰出人才，如重用卢镗、俞大猷、戚继光等将领，还把颇负盛名的文人如徐渭、文徵明等招入幕府。另一方面，针对辖区内明朝官兵纪律松弛、软弱涣散的积弊，以严明赏罚为手段，大力进行整顿。通过胡宗宪的努力，明朝官兵的军容、军纪有了改观，士气也逐渐有所恢复。

他允许自己麾下的将领训练亲兵，是以成就了一大批抗倭名将，后世最有名的抗倭将领戚继光就是得益于此，带出了抗倭主力戚家军。

更遑论著名的书画家徐渭，以及后世人称"吴中四才子"之一的文徵明。这些人加入后，他们在这一场旷日持久的战斗中成就了彼此。

整军完备，胡宗宪的抗倭大业自此拉开了帷幕。

嘉靖三十五年（1556）三月，倭寇突然组织起万余人自乍浦登陆，欲再度侵犯杭州。驻扎在海盐的明军截倭寇于西盐仓，双方发生激战。倭寇一路且行且战，战线长达数十里，主要盘踞在硖石和袁花两地。胡宗宪闻讯，立刻派遣临安驻军驻守余杭石濑，派遣双溪驻军驻守瓶窑，并且亲自领兵驻守塘栖，与提学副使阮鹗互成掎角之势，严阵以待。这边整兵备战，另一边则遣使去劝降倭首徐海。倭寇得知杭州已经备战万全，不敢继续进攻，权宜之下只得撤退。胡宗宪在杭州的整备再次化解了危机。

胡宗宪时常身先士卒，嘉靖三十五年（1556）八月，胡宗宪调兵进攻占据东沈庄的倭寇。能在沿海"占山为王"的倭寇，自然是穷凶极恶、杀人如麻的，而且数量众多，已非寻常匪类可以形容。先锋保靖、河朔官兵先后被打败。胡宗宪闻讯，立刻亲上前线，"摄甲厉声叱永保兵左右列，大呼而入，瞰垒下击"，大败倭寇。同年十一月，倭兵大举侵犯会稽，报沈庄惨败之仇，其来势之凶猛，"官兵莫能御"。胡宗宪当即督促将领卢镗迎战，被卢镗以士兵疲劳宜稍事休整为由拒绝，形势危急。胡宗宪不顾敌众我寡，"夜召亲兵袭破之，达旦，诸营方知，入贺，镗大惭服"。

徐渭像

杭州风貎 HANG ZHOU

在抗倭战争中，胡宗宪常"辄自临阵，戎服立矢石间督战"，置生死于度外。在后来倭寇再次大举进犯、围攻杭州时，他"亲登城监视，俯身堞外，三司皆股栗，惧为流矢所加，宗宪恬然视之"。而且他赏罚分明，规定死事诸臣为三等，"有功而又能死事者为一等，虽无功而能忠于所事者次之，勤无可录而事适不幸者又次之。其或失机偾事，虽身故仍须追夺官荫"。胡宗宪以自身凛然的统帅风范征服了麾下的官兵，使兵有所得、将有所获，为其人格和能力折服的同时，甘心前赴后继。

以杭州为基础，胡宗宪开启了他的抗倭大业，有戚继光等将领的英勇作战，并以他制定的"攻谋为上，角力为下"和"剿抚兼施，分化瓦解"的作战方略为行动方针。

胡宗宪主持抗倭获得了前所未有的胜利，于嘉靖四十一年（1562）平息了浙江的倭患，杜绝了杭州湾海防的威胁，为东南沿海的人民夺回了平安的生活。

现在杭州湾重新进入人们的视野，提到最多的应该便是杭州湾跨海大桥，它北起浙江嘉兴海盐，南至宁波慈溪，全长 36 公里。看着如今车流不息的杭州湾大桥，又有谁会想起几百年前，这儿还是一片战火燎原之地，海对岸的侵略者源源不断地从这儿登陆，妄图以此为踏板侵略我们丰饶秀美的国土。然而在这儿，不仅有温情如水，还有铮铮铁骨，从未有人能征服这儿，就像从未有人能想到，这片与大海搏击了数万年的海岸，见证了多少的鲜血与硝烟、奋战与守候。

滔滔江水，泱泱东海，博弈千载，终看今朝了。

参考文献

1.〔明〕郑若曾：《筹海图编》，中华书局，2007 年。

2.〔清〕张廷玉等：《明史》，中华书局，1974 年。

3.〔清〕谷应泰撰：《明史纪事本末》，中华书局，2015 年。

4.林仁川：《明代私人海上贸易商人与"倭寇"》，《中国史研究》1980 年第 4 期。

5.〔明〕余继登撰：《典故纪闻》，中华书局，1981 年。

6.〔清〕计六奇撰：《明季北略》，商务印书馆，2015 年。

7.钟毓龙：《说杭州》，浙江古籍出版社，2016 年。

8.陈文石：《明嘉靖年间浙福沿海寇乱与私贩贸易的关系》，《历史语言研究所集刊》第三十六本上册，1965 年。

9.[日] 山根幸夫：《图说中国历史》，东京讲谈社，1977 年。

10.王守稼：《试论明代嘉靖时期的倭患》，《北京师院学报（社会科学版）》1981 年第 1 期。

第五章

钱塘江：千里拒敌的天险担当

困兽之斗，明朝遗宗避居浙东

北宋著名政治家、文学家、军事家、教育家范仲淹，曾经在他的《杭州谢上表》中提及："江海上游，东南巨屏，所寄至重，为荣极深。"

寥寥四句，杭州在东南的战略地位，便已经一览无余了。而最能体现杭州这一特点的，便是那个"江海上游"之江——钱塘江。

钱塘江，古名"浙江"，又名"罗刹江"，上游富阳段称富春江，下游杭州段则为钱塘江。钱塘江其名最早出于《山海经》，是吴越文化的主要发源地之一。想到杭州古来称钱塘县，后浙江省又以钱塘江的古名得来，钱塘江与杭州千丝万缕的关系，可以说是缠绵数千年，一起永流传了。

钱塘江整体呈西南—东北走向，从地图上看便是斜斜的一道划过浙江省，经杭州湾流入东海。其省会杭州大部分在西北岸，浙江省大部分则在东南岸，由此可见，得杭州不一定得江南，得钱塘江，则之后的江南腹地，便可谓是囊中之物。

东南巨屏，钱塘江也。

对此，正在经历朝代更迭的人们，应该是深有体会了。

明朝在中国历史长河中，应该是一个比较特殊的王朝。虽说放眼过去，几乎每一个朝代都是由战始，由战终，但少有一个朝代在酝酿之时，面对的是元朝这样凶悍善战、威震欧亚的强敌。这个由游牧民族建立的庞大帝国从中国北方草原而起，自占领中原后就一发不可收，一路往西，如摧枯拉朽般一直打到罗马，打出了一个即便在世界历史上也前无古人后无来者的巨无霸版图，让任何一部涉及欧亚的世界史都无法忽视。

但是，明朝却成功战胜了元朝，夺回了中原的主导权，可见其坚韧和强势。

可明朝立国后不久，便已经意识到了一个重要的问题——关外隐患。

那群曾经震慑欧亚的牧民依然在草原上逍遥，即便如今看似已经不成气候，但是虎视眈眈的目光却让明朝的帝王如坐针毡。

于是后世便有了"天子守国门"的说法，明成祖朱棣建都北京，坐镇这座北方边关之城，本身就是在时刻准备对抗北方的威胁。谁料这威胁却有如此惊人的忍耐力，直到两百多年后，庞大的帝国逐渐臃肿迟滞之时，才突然爆发出来。

1616 年，建州女真首领努尔哈赤建立后金。仅仅

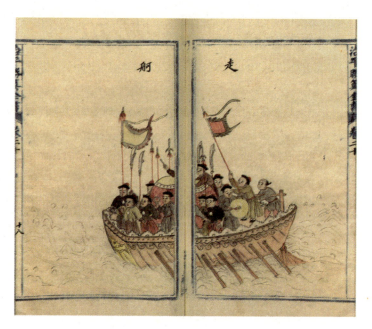

走舸

二十年后的 1636 年，汉、满、蒙三族共呈劝进表，皇太极称帝，改国号为清。八年后，明崇祯十七年（1644），明朝最大的噩梦成真，在闯王李自成起义攻破北京之时，时任明宁远团练总兵、驻守山海关的吴三桂降清，清摄政王多尔衮率兵入关。

内忧外患里外夹击，明朝从风雨飘摇的时期走向崩坏。至此，长达二十年的明清对抗开始了。

历史总是惊人的相似。北宋末年金军南下，宋朝不得已而南迁，开启了南宋长达一百五十多年的历史。而如今，面对同为北方游牧民族的清朝，明朝也不得不步上了南宋的脚步，开始了据南抗北的艰难旅程。

只是与南宋不同的是，南宋尚有长江为屏，而大明陷落得太快，一回神，就到钱塘江了。

清顺治二年（1645）六月，清军攻杭州，明潞王朱常涝以城降，杭州陷落。

作为钱塘江北岸的江南首府，杭州的陷落极大地打击了明军的士气。本据守杭州的明总兵方国安因此战不利，不得已领着数万明军退守严州（今建德）。清军本欲追击，不料几天过后，于颍率部入萧山，杀了清招抚使，囚知县陈瀛，集当地义兵数千人，进军钱塘江，毁清军为南渡准备的战船百余艘。各地百姓大受鼓舞，一时间义兵四起，纷纷加入了反清大军。

虽然于颍一时难以带义兵就此登岸反攻杭州，但依然牵制住了位于杭州的清军。清军虽占据了杭州，但南有手握重兵的明大将方国安，北有反清势力逐日壮大，一时间竟然有反被包围之势，动弹不得。

为顺应此大好形势，明鲁王朱以海在明兵部尚书张国维、苏松总兵王之仁、会稽义军首领郑遵谦、大学士熊汝霖等人的拥戴下，于绍兴就任监国。

自北京被闯王李自成所带领的农民起义军攻陷，大明最后一个皇帝崇祯自缢，随即国门又被清朝攻破后，主要阵地在南方的南明朝廷便成了抗清义士最后的希望。然而南明朝廷却并非是一个普遍意义上的朝廷，它先后或者同时由多位大明宗室子弟组建，虽称为监国，实则是变相称帝，而且绝大多数都没有支撑多久，短则几天，长则几年。这不仅因为清军的攻打，还有明朝大臣们对于被拥立者的正统性的争斗，外患迫在眉睫，却还内斗不休，权与欲的斗争莫过于此。

彼时鲁王虽然临危受命，在绍兴就任监国，却因为信息不流通的原因，并不知道在几十天前有另一位明室子孙——唐王朱聿键，在郑成功的父亲郑芝龙等人的拥立下，也在福州监国称帝。此事看似只是又一次"不约而同"的南明政权监国之争，且一个在浙东一个在福建，暂时井水不犯河水，然而却为之后的浙东抗清埋下了隐患。

鲁王监国后，很快举起大旗，联合浙江军民抗清作战。并且延续了明朝子孙的传统，移驻绍兴，设行宫，于后方开始了反攻指挥。他一面召总兵方国安从严州出发，联合各路明军、义旅据钱塘江而守，与清军对峙；一面又令兵部尚书张国维为太傅，督师江上。

此时钱塘江上两岸可谓风声鹤唳，一触即发，沿江的每一座城市都是重要阵地。在明军眼中，钱塘江北岸的每一寸土地都是他们需要收复的失地，是反清复明的希望；而清军是否能过江占领浙东，则成了大清能否一统江山的关键。

是敌不动我不动，还是以攻为守？这在双方面前，都是一个艰难的抉择。

但很快明军就发现，此时对他们来说，分明就是一个绝佳的机会。早在不久前，于颖就已经杀入萧山，并且毁了清军渡江的船只，此时清军哪是在判断是攻是守，他们根本还没有攻的能力！

于颖当机立断，带着他的副将刘穆果断渡江，绕过杭州，与当地起义军里应外合，直接夜袭富阳。此战一击成功，还生擒了富阳县令刘金斗。

富阳东临富春江，北屏杭州，水陆皆通，是重要的战略位置，清军卧榻之侧，岂容他人酣睡，闻讯，清浙江总督张存仁立刻遣骑兵反攻，与刘穆部及义军激战于富阳城郊的清风亭。然而明军据城以守，勉强击退了清兵，可自己却也元气大伤。

七月初，清军卷土重来，再次反攻富阳。明军经上次一役尚未恢复，又加之援军未至，不得已弃守富阳。然而仅仅在第二天，明兵部尚书张国维便与于颖一道领兵回援，经过一番激战，富阳再次回到明朝手中，甚至还顺便更进一步，打下了於潜。

如此，仅仅十天时间，围绕富阳和钱塘江上游富春江的争夺战便反复了四次，富阳三易其手，足见双方对其的必得之心。

就在双方整军待发准备进行下一轮争夺时，清廷于七月九日，在摄政王多尔衮的授意下，在江南再次颁发"剃发令"，规定全国官民，京城内外限十日，直隶及各省地方以布文到日亦限十日，全部剃发。

这一令下，江南炸锅，民心激愤，反心立笃。于在江南的清军来说，这一令既给了他们进一步控制江南的权力，却也同时让江南成了一个烫手山芋。而对明军来说，这无异于是给那些还在观望的百姓吃了一颗定心丸。

还等什么？再不反，头发都没了！

几乎一夜之间，江南各地纷纷起兵反清，并且引兵投入鲁监国麾下。其声势之浩大，明史有载："浙西义旗四起，苏、松、嘉、湖列营数百里，相为声援。"（《明通鉴·附编第二卷下》）而浙东明军、义旅大集，仅钱塘江南岸，就有军旅十余万人。

天助我也！鲁监国那时心中怕是只有这四个字。

本来辖浙东是不得已而为之，放眼麾下可谓捉襟见肘，此时清廷"剃发令"一下，有"身体发肤受之父母"之祖训，又有国破家亡的惶恐愤恨的浙江百姓，其血性被完全激发了出来。鲁监国万万没想到，自己有朝一日竟然还能坐拥如此大军，一时间豪情万丈，恨不得御驾亲征！

思及此，鲁监国再也坐不住了，他即刻启程，从绍兴行宫赶往萧山，这次是真的亲临前线，阅视军情，部署江防，分发军饷，在六和塔对岸的七条沙和西兴屯主力军——方国安、王之仁两军，将其部署于杭州正面。又令钱肃乐、熊汝霖、郑遵谦、于颖等十一将各领一军，沿江立营；以北洋协镇张名振、南洋协镇吴凯等为机动军。另沿江设立营垒，绵亘二百余里。一时间，钱塘江南岸明军士气大盛，仿佛回到了百年前与元朝对抗之时，起起军威，势若猛虎。

就在明军以为清军定会大加防范之时，原本镇守杭州的清贝勒博洛却忽然率大军北上，只留下清总督张存仁、总兵田雄等领数万清军留守杭州，分明是做出了据守不出的姿态。

天又助我！鲁监国已经激动得想设坛祭天了。

他的目光掠过滔滔钱塘江水，如剑一般，直指杭州！

此时不攻，更待何时？！

可此时，一封来自福建的信，却如一盆冷水，浇灭了他的所有激情。

剑指杭州，钱塘两岸血雨腥风

九月上旬，明军动了。

明总兵方国安拟定双线夹击的战略：西面以其部将方应龙为先锋，率先出富阳，一举攻克余杭，兵临杭州；东则令其侄方元科正面突破清军的江防，击败清军于五云山，并在六和塔周围立木城，以此为踏板准备进攻杭州城。

明军已到城下，清军怎会坐视？清总督张存仁遣骑兵反攻六和塔，虽然骑兵攻城势大凶猛，然而方元科背后有明军江上舟师的支援，很快便击败了清骑兵，斩敌首五百余，可谓大获全胜。

然而清军自然不是一败而竭的队伍，当夜，清军再次整军偷袭方元科大营，纵火焚烧六和塔木城。方元科没料到清军这么快便卷土重来，不得不退回钱塘江南岸，再次以钱塘江为屏阻拦清军的脚步。

与此同时，清守将张存仁为了解除西翼明军的威胁，遣部将张杰、王定国率精锐进攻余杭，一鼓作气击败了方应龙部，拿下了余杭。激战中，方应龙不幸被俘，所带部伤亡四千余人，余部不得不退回了富阳。张存仁拿下余杭后，令王定国留守余杭，自己带兵返回了杭州。退回富阳的明军见状再次北进，却在余杭城西关头、小岭等处与王定国部遭遇，双方激战数次，明军败退，方国安之子方士衍被斩杀。

这一战明军虽然已经做足准备，却没料到守城清军亦不是好惹之辈，双方你来我往数回，却再次回到原点，徒留下钱塘、富春两岸军魂无数。之前因"剃发令"而燃起的熊熊气焰，被迎面泼了一盆凉水，消失殆尽。

而更冷的水，却来自明朝廷内部。

此战后没两天，鲁监国朱以海宣布退位归藩，离开了绍兴行在，回到台州。

这于前线明军士气之影响，无异于雪上加霜。

然而，朱以海也有万般不得已。在他监国之时，确实万万没想到，早在四十多天前，他的同宗亲族朱聿键已经在福州称帝，号隆武。之后虽然知道了，但当时事急从权，浙东群龙无首，他只能硬着头皮继续干下去，心中却有一丝不忿，此时立监国的明室子孙无一例外打的都是抗清旗号，实则都有称帝的私心，便是有人捷足先登，他又怎么可能就此拱手相让？

对方也一样坐不住了，很快就遣来了使者，要求他退位归藩。

彼时细数各自的"统治地域"，朱聿键因为早一步登基，自然得到了除浙东以外各地抗清势力的认可，而他朱以海却仅得浙东这一隅之地，可谓天差地别。更遑论朝臣都已经纷纷倒向朱聿键，支持他朱以海的，仅身边这些在浙东与清军苦苦对抗的将领们。

若他坚持不退，于理不亚于谋反；可若他就此退却，于情真是百般不甘。可箭在弦上，强敌当前，若此时明室还要起内讧，那当真是自作孽，不可活了。

朱以海两难之下，到底没扛住来自朱聿键及南方其他地区各抗清势力的压力，于九月宣布归藩，满心不甘地回到了台州。

浙东义军尚未公开宣布归顺隆武朝廷，一时间成了群龙无首之军，加之之前一鼓作气进攻却被清军打退，整整半个月都没有回过神来，浙东诸义军首领琢磨了一下，认为事情不能这样下去了。

国土重要还是正统重要？皇位之争重要还是抗击外侮重要？

朱以海纵使如今并不被大部分南明抗清势力所承认，但他的胸怀、能力和抗清之意却毋庸置疑，仅仅因为远在福州那"皇帝"的一纸诏书，难道就要放弃如今好不容易打下的势均力敌的局面吗？

于是在兵部尚书张国维及熊汝霖的主张下，绍兴政权最终决定拒绝隆武帝的诏书，重新迎回朱以海。

此举不仅是为体现他们对朱以海的忠心，更是因为有朱以海在，浙东义士的抗清意志才不会被轻易消泯，这等影响是远在福州的隆武帝万万不及的。

几经周折，朱以海终于还是回到了他苦心经营的位置上，而此事却也让他对朱聿键含恨在心，至此走上了与隆武政权水火不容的对抗之路，加剧了南明内部的分裂局面。

十月，重新迎回朱以海的张国维再次挥师战江北，带熊汝霖、钱肃乐、孙嘉绩等人连战七日，先后杀伤清军数千人，成功夺取了钱塘江北岸江干一线，以江上舟师为屏，与清军相持。

杭州城危！总督张存仁不得已，派信使北上，向驻扎在南京的平南大将军勒克德浑求援。勒克德浑欣然应允，随即遣部下梅勒额真（清军官名）季什哈带兵南下，配合张存仁与总兵田雄等反攻驻扎在江干的明军。

熊汝霖见势不妙，主动带兵撤回了南岸。而清军这一次调动也给了浙西起义军可乘之机，浙西起义军陈万良部攻至塘栖，熊汝霖随即遣部将徐龙达过江支援，与陈万良部里应外合，攻下塘栖，生擒了清将杨清。经过一番激战，于十月下旬击败清援军，乘胜夺取了新市、双林，后与富阳明军、钱塘南岸明军一道，对杭州呈三面包夹之势。

勒克德浑闻讯，立刻增兵南下支援，遣朱玛喇部引兵入杭，协助张存仁部加强沿江防线。清军如此布阵，自然与南岸明军形成了隔江对峙之势，江面上阴云密布，双方皆预感到将有大战一触即发。

身在绍兴行宫的朱以海自然也得到了消息，他立即启程，于十一月中旬赶到萧山，在此设坛拜将，正式拜总兵方国安为大将军，授权统一指挥沿江各军。

方国安其人，论品行实非良将。

他小时候因盗牛被族人所逐，却因此在机缘巧合下从了军，自剿寇开始一路征战，又与李自成、张献忠对战，直至南明之时，已挂上镇南将军印，镇江浦，实乃乱世一枭雄。自清军南下后，他拥兵入浙，然而整军不严，军纪败坏，百姓深受其害，民心不附。旧主明潞王朱常涝在杭州降清后，他立刻率部众一万多人退至钱塘江东岸，与王之仁部一道成了反清武装的主力。

彼时明鲁王朱以海虽然在绍兴建立了南明朝廷，立监国，实则手下并无兵权，不得不仰仗方国安等义军，加之方国安举旗抗清之后，一度进攻杭州，其间其亲信方应龙被俘，其子方士衍战死，一显忠烈之姿，因而颇受朱以海器重。

此时大战在即，为稳军心，亦为了统一指挥，朱以海拜方国安为大将，实则是不二之选。方国安亦不负期望，于十一月下旬，集结各部队，开始了长达一个多月的渡江之战。

十二月，大战期间。

兵部尚书张国维坐在房中，面前分别是目前抗清两大主力将领——大将军方国安和总兵王之仁。

"如此僵持不下，实非长久之计啊！"张国维自驻浙东抗清以来，文要协助朱以海与福州隆武朝廷斗，武要统辖全军与对岸清军斗，实在有点心力交瘁，然而此时却依然打起精神，"不知二位将军有何高见？"

方国安抱拳："高见不敢当，诚如大人所言，为今之计，必然是要先打破当下僵持之局，方有转圜之机。"

"哦？如何打破？"

"集结全部兵力，分东西两路，分门进攻，包夹杭州！"

张国维闻言一震，忍不住探身问："哦？如此孤注一掷，可是有必胜的把握？"

王之仁往前一步道："大人，如今唯有孤注一掷，方有破局之可能。"

张国维好歹是兵部尚书，自然听出了他的言下之意，无奈地点了点头："好吧，汝等有何计划，说来听听？"

方国安与王之仁对视一眼，走到地形图边，边指边道："我与王将军商议，集全部军力，分东西两线包夹杭州。我带舟师从西段渡江，由南向北打，以主力沿赤山埠、西湖边，集中攻钱塘、涌金等门。王将军带兵从东段过江，自北向南打，从赭山、朱桥等处直逼城下。我们二人协力突进，分门攻城，将清贼驱离杭州！"

张国维听罢，沉吟不语。

"大人，您看如何？"方国安问，看神色仿佛成竹在胸。

"险，但又别无他法。"张国维看向方国安，叹息一声，"方将军，小将军的事……节哀。"

方国安闻言，神色一紧，想到自己战死沙场的儿子方士衍，又流露出些许悲怆："大人，犬子为国而战，为国而死，荣也，幸也，臣无悔。"

"乱世当道，将军身负国仇，又新添家恨，此战，还望将军且行且珍重，不负国恩！"张国维抱拳向天，神情悲壮。

"大人可是同意我二人之计？"

"不入虎穴，焉得虎子？去吧，在下定焚香备酒，等着为两位将军庆功！"

114

"谢大人！"两位将军抱拳行礼，转身离开。

张国维站在地图前，看着如弯钩一样绵绵不绝的钱塘江，长长地叹了口气。

方国安和王之仁得了张国维的认同后，开始整军备战，这个计划包含全军将士，须得提前做好准备，然而他们却忘了，纵使有心保密，涉及的人多了，消息自然容易泄露。

钱塘江北岸，杭州城内。

"西段渡江，分门进攻？"清浙江总督张存仁听到探子回报，确认道，"当真？他们可是要投入全部兵力了？"

"回大人，应该是的！另外还有东段渡江，自北往南包夹杭州的！"

"哼！真当我们城内数万大军是胭脂铺的摆设吗？想来就来，想走就走？来人！"

"大人？"

"传我命令！"张存仁也研究着面前挂起来的地图，一边看一边道，"撤回西段沿江部军，留一部分迷惑敌方视线。"

清浙江总督张存仁连日守城，亦是殚精竭虑，人都憔悴了不少。而如今南京竟然当真派来援兵助他江防，可算是雪中送炭，然而看如今明军动向，若真按照他们的计划行事，下一场仗，怕是一场恶战。

"大人，城内如何布置？"下面的人问道。

张存仁看着杭州布防图，沉吟半晌，冷笑一声："来人，点一万精兵，在凤凰山设伏，其余主力置于城内，沿途设卡。"

"是！"

"等等，"张存仁忽然道，他思索了一下，下了决定，"城门处无须太过抵抗。"

"啊？"

张存仁冷笑："我要他们笑着进来，哭着出去！"

冬日萧瑟，寒风鼓动着，苍凉的钱塘江面上忽然旌旗林立，千帆竞发，浩浩荡荡地杀了过来。

明军开始进攻了。

由方国安带领的明军数万兵士一路气势汹汹直逼钱塘江北岸，岸上的清军虽然严阵以待，但是拉长了防守线的他们自然难以抵挡明军孤注一掷的冲阵，几乎一触即溃，退入城内。明军紧追不舍，如计划那般分门进攻，如潮水般涌入，一路直逼西湖。

就在明军势如破竹，先头部队顺利冲过凤凰山下之时，只听凤凰山万松岭上突然杀声四起，万余清军精兵自万松岭上杀将下来，如一柄尖刀直直地插入明军的队伍中，直接将明军队伍拦腰截断！随后，城内清军主力即刻响应，纷纷杀出来冲散了明军前后两部。明军被打得措手不及，慌乱之下只能各自为政。转眼间，明军前部就反被围堵在了西湖沿岸，加上万松岭和主城内两股清军，一时间竟然受到三面夹击，阵势大乱！

此时明军后部亦自顾不暇，大将军方国安当机立断，要后部奋力向前冲杀，与明军前部汇合，谁料麾下先锋将军方元科却突然受伤，后部陡然陷入了无人领兵的状态。清军将领张存仁和朱玛喇见状，心下大定，干脆掉转马头全力进攻西湖边被围的明军前部，明军伤亡陡增，尸横遍野。方国安得信后，想到清军从凤凰山设伏之举，明白这次的计划已经全盘让敌军知悉，再往前去亦只是徒增伤亡，无奈之下只能咬牙下令停止进攻，放弃救明军前部的计划，带兵撤退。

此时，由明另一员大将王之仁带领的东线战场形势大好，自登岸后一路势如破竹，自渡江后一路取胜，按计划从赭山、朱桥等处直逼城下，转眼已经攻入杭州东北部的艮山、庆春等门。就在他们要与西线队伍会合之时，却得到了西线遇伏战败的消息。一想到西线战败，杭州城内的清军主力将会立刻回援此处，届时他们立刻会从胜军成为孤军，不得已之下，王之仁哀叹惋惜银牙咬碎，却也不得不立刻回军，撤回了江上。

经此一役，明军一下子丧失了数万人，可谓元气大伤。然而即便如此，明军经过之前因"剃发令"而征召的义军依然有数十万，兵力尚盛。清军虽然撑过了此战，却仍然不敢直接攻打江南，双方再次回到了隔江对峙的状态。

有钱塘天险为屏，明清双方此时皆不敢肆意渡江作战，然而这往复三四次战役皆没有打破当下僵持的局面，于双方亦不利。如今究竟谁能踏出有效的第一步，似乎已经成了关键，双方皆为此绞尽脑汁。

回头看看，自清顺治二年（1645）六月至十二月，围绕钱塘江的战斗，竟然已经持续了半年，眼看着，年关已至。

即将进入顺治三年（1646）了。

划江炮战，成败得失不过三日

清顺治三年（1646）正月。

过了一个对两岸来说都毫无年味的新年后，再一次整军备战似乎比过年还要热闹。早在十二月底的时候，明军就已经注意到对岸的杭州守军有异动，然而始终无法探明他们究竟在做什么，可是当正月中旬，杭州守军再一次出现在江对岸时，他们终于知道对岸在做什么了。

清军掘通了出钱塘江的运河。

一个新的江岸出现在了明军面前，岸上还有了一排排大炮，对着明军所在的钱塘江南岸，虎视眈眈，其渡江南攻的野心昭然若揭。明军自然不会坐以待毙，王之仁等将立刻命人在南岸也增设了火炮，加强守御。

正月底，明清第一次隔江炮战开始，新的堤岸拉近了双方的距离，炮战之后，双方各有伤亡。为了占得先机，方国安连日来督军北攻，然而都遇到清军的炮火阻击，只能无功而返。

为什么明军如此着急？原因很简单，明军的粮草快不够了。

所谓兵马未至，粮草先行，明军虽然势大，然而声威之下却也有着巨大的重担，这十几万人就有十几万张嘴，每天光吃喝就花销巨大。而如今明朝名存实亡，除了坐吃山空并无其他办法，半年仗打下来，反而是明军先撑不住了。

正月未出，福州的隆武帝似乎也知道了朱以海部的窘迫，趁机命都御史陆清源携带白银十万两前往浙东犒军，招抚之心昭然若揭。

朱以海当初未曾妥协，如今隆武帝乘虚而入，让他愈发愤恨，竟然命部下杀害了陆清源。

而此时，浙东的情况已经并非朱以海及其亲信能够掩盖的了，很多其麾下的文官武将开始向隆武朝廷上疏效忠，隆武帝朱聿键不计前嫌，为他们加官晋爵。朱以海闻讯，立刻以其人之道，还治其人之身，也开始派人笼络朱聿键的朝臣，不惜以高官厚禄收买之。接连不断的大笔"政治花销"加快了浙东战场捉襟见肘的进程，这般内耗之下，朱以海政权渐渐开始不稳，而他的将领所能做的，便只有加紧进攻杭州。

二月开始，南岸明军除了方国安、王之仁两军之外，各部逐渐缺粮，部分起义军因为无船无饷，开始陆续退到瓜沥等处。起义军逐渐减少，仅剩下熊汝霖、郑遵谦协助方、王二军守江。

然而方国安连日渡江这一行为却让对岸的张存仁发现了端倪。三月初，张存仁开始遣清军乘轻舟出钱塘江试探，被明军发现，直接被一轮炮击赶了回去。清军损失数艘船只，不得不败回北岸。是月，朱以海论功行赏，授王之仁为兴国公，令其与先前被封为荆国公的方国安共同负责钱塘江防守。

清顺治三年（1646），浙江久旱。

对于鱼米之乡江南来说，久旱虽然不至于断流，但钱塘江上游的富春江，却因旱水浅，时不时冒出底下湿润的滩涂来。

新上任的清征南大将军爱新觉罗·博洛看着浅浅的钱塘江水，目光放远，望向了对岸。

真正的"天助我也"来了。

爱新觉罗·博洛，满洲正蓝旗人，清太祖努尔哈赤之孙，顺治元年（1644）开始，随豫亲王多铎南下，破李自成于潼关，并且攻下西安、江宁（今属南京）、杭州，是清朝一员真正身经百战的猛将。当初正是他领兵逼降本来据守杭州的明潞王朱常淓，占领了杭州。之后他领兵北上，留张存仁守城，给了明军可乘之机，如今北边事了，他又回到杭州，准备大干一场。

说做就做，博洛一面下令将沿江火炮集中于六和塔一线，专注轰击方国安兵营，一面以副将图赖率数万骑绕道富阳，伺机占领位于钱塘江上游的富阳。五月底，图赖攻克富阳，明守将潘茂斌等战败，不得已过江南逃，企图再次以滔滔江水为屏，阻挡住清军追击的脚步。

然而，时不他待。

清史有载，清军"舟未具、会潮落沙涨，图赖率诸将士策马自上流迳渡，江广十余里，人马无溺者"（《清史稿》卷二百三十五《图赖传》）。

没错，潘茂斌本以为清军会被拦在北岸，谁料江水退潮，露出了江底泥泞的沙地。曾经的"东南巨屏"，如今却毫无遮挡，一马平川，成了足够清骑兵奔驰的旷野。图赖当机立断，率骑兵冲过钱塘江，全军奔袭追击明军。

明军主力方国安得到消息，大惊失色，匆促间尽弃战船，拔营逃往绍兴。主力一走，江南各部顿时大乱，纷纷溃走，唯有王之仁一军仍坚守阵地，然而独木难支，江南战况眼看着就要溃败。

时在绍兴的朱以海闻讯大惊，欲亲至钱塘江督战，谁料方国安更快一步，已经到达绍兴，得知朱以海欲重振旗鼓后却百般阻拦，最后劝说不成，竟然干脆挟持了朱以海南逃。图赖一面以数万大军追袭方国安，另一面派精兵掉转马头从南向北包抄王之仁军。王之仁着实有血性，这边驻杭清军得到消息，正面渡江，却被王之仁击退。然而此时已经没有任何力挽狂澜的机会，因为就在王之仁击退南渡清军的时候，图赖大军已经对他们形成了包围之势。

王之仁自知孤军难以支持，再战下去唯有死路一条，只得率部下海东渡。兵部尚书张国维此时正在诸暨，回援不及，又惊闻方国安挟持了朱以海，大惊之下，只能率军追赶护从。

自图赖攻克富阳后，短短不过三日工夫，钱塘江南岸的明军跑的跑，败的败，作鸟兽散，再也不成气候了。清军正式跨过钱塘江，开启了南侵之路。

钱塘江南岸，终究还是被清军的铁骑踏破了。

明清划江之战，就此落幕。

划江之战虽然结束了，然而其背后的故事，却引人深思。

前文提到，明鲁王朱以海在不知道福州的唐王朱聿键率先称帝的情况下，自立监国，之后便与福州的隆武政权开始了明争暗斗。双方互不相容，皆自诩为正统。

事实上朱以海也知道，比起在福州的隆武帝朱聿键，自己兵少、财轻，地盘还小，并无任何优势，是以愈发与隆武帝针锋相对，甚至不惜耗费巨资去挖隆武帝的墙脚，引得隆武帝大怒，双方互杀来使。在有共同敌人的情况下，南明内部已经水火不容。

谁又能想到，从后世看来，这两位已经是南明朝廷近二十年历史中，最可靠的两个抗清皇帝。

朱以海在划江之战之初，虽然是被拥戴自立，然而他抗清之意弥坚，不仅数次赴萧山亲自指挥部署，便是在最后清军过江追袭，连大将军方国安都兵败逃逸的时候，还不顾自身安危，启程前去督战。同杭州的上一个明宗室子弟潞王朱常淓相比，朱以海实在算是尽忠职守了。

再说隆武帝，他在后世看来本是一个能有所作为的皇帝，"宽明恭俭，亲亲尊士，循良爱民，而有抚绥大略"。他屡次招抚朱以海，本就有联合抗清之心，奈何名利之争早已深入封建帝制下每一个宗室子弟的心，这些原本到死都不可能与皇位沾边的宗室子弟，生逢乱世，竟然得到了过一把皇帝瘾的机会，是以作为一个成年人，自然不想做什么选择，国家、皇位，两个都要。

朱以海拒绝朱聿键的招抚之后，福州便断了支援浙东抗清的心思。又因为浙东倚钱塘之险，打得风生水起，隆武帝的朝臣们便起了隔岸观火的心思。有浙东战场牵制南下的清军，正好能分摊南方其他地方抗清的压力，何乐而不为？

然而此时他们都忘了，覆巢之下，焉有完卵？

与清军隔江对抗了半年多，朱以海却因为与朱聿键的正统之争，硬生生将浙东的抗清义士打成了孤军，兵士们坐吃山空，北有清廷，南有隆武帝，若不是有钱塘江挡着，怕是根本坚持不了半年之久。

划江之战后，朱以海被方国安挟持逃离，趁守军不备逃了出来，与熊汝霖、郑遵谦等将领到了台州，继续抗清。之后隆武帝与南下清军对抗时被杀，朱以海再次被拥立为帝，然而同时又有众多其他宗室子弟冒出来自立为正统，还有手握兵权的将领们独揽大权甚至以下犯上。在同室操戈和清军进犯之下，南明朝廷气数渐尽，即便朱以海的抗清之志从未消减，亦在奋斗半生后，病逝而亡。

划江之战，划开的不仅仅是那个混乱年代的明清，它真正划开的，是人心。

钱塘天险，终究险不过人心诡谲。

参考文献

1. 赵尔巽等撰：《清史稿》，中华书局，1977 年。

2. [美]司徒琳：《南明史》，上海古籍出版社，1992 年。

3. 顾城：《南明史》，中国青年出版社，2003 年。

4. 〔清〕温睿临：《南疆逸史》，中华书局，1959 年。

5. 陈显泗主编：《中外战争战役大辞典》，湖南出版社，1992 年。

怒涛卷霜雪

HANG ZHOU

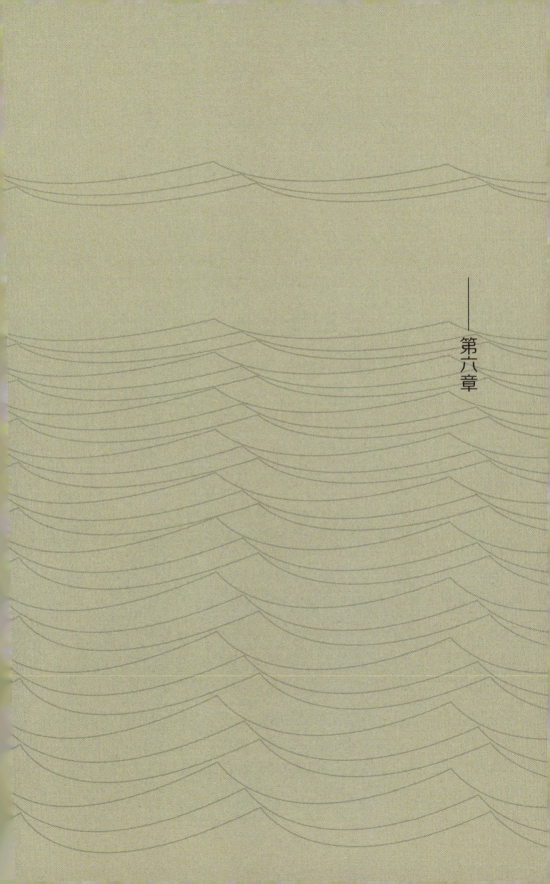

第六章

京杭相望，末路王朝的双城奇兵

一围天京，独守孤城难得太平

清朝，中国最后一个封建王朝。相比其他朝代的更迭变换，它的结束是真正意义上的中国封建制度的消亡，正是它的终结为中国带来了共和之光。在大厦将倾的时刻，人才辈出，风起云涌，英雄与枭雄同台竞技，思潮与主义百花齐放，铸造了中国历史上一个独一无二的时期。

它拥有诸多独一无二的朝代标签，而绝大部分都带有"最后"两个字，最后一个皇帝溥仪，最后一个皇后婉容，最后一个状元李春霖……但其中有一个标签，却绝对碾压前面诸多朝代。

中国历史上规模最大的一次农民革命——太平天国运动。

鸦片战争后，清政府为支付战争赔款，变本加厉地搜刮民脂民膏，借此机会压榨、勒索百姓的贪官污吏和土豪劣绅则让民众本就艰难的生活雪上加霜。

腐败的封建统治和沉重的剥削导致阶级矛盾更加激化，阶级矛盾的激化导致百姓生活加倍的黑暗，如此恶性循环下，人们想要反抗的心情愈发迫切，表面如同一潭死水的大清帝国，实则暗流汹涌。

鸦片的输入和战争赔款导致大量白银外流，劳动力日益衰竭，人们每日为了生存拼尽全力，却依然不见起色。很多人开始将生存下去的希望寄托于宗教信仰。

恰逢此时，洪秀全在广东成立以"太平"思想为宗旨的拜上帝会，为他及他的信徒描绘出一幅"天下一家，共享太平，几何乖漓浇薄之世，其不一旦变而为公平正直之世也"的盛世蓝图。这一理想社会的模样戳中了众多贫苦大众的心，追随他的人越来越多。

这样的组织自然引起了官方的警惕，1848 年初，在广西传教的洪秀全表亲冯云山被广西桂平知县衙门以"聚众谋反"的罪名逮捕，洪秀全携众信徒前往营救，与清军发生冲突，并很快升级为战斗，由此开始了与清廷的武装对立。

1851 年 1 月，洪秀全、石达开等人在广西桂平金田村正式发动武装起义，建号"太平天国"，很快就获得了广大民众的响应，参与起义的人越来越多，逐渐成了一股震动清廷的巨大洪流。他们从广西开始一路北上，短短三年就已经攻下南京，并且定都于此，命名为天京。洪秀全为天王，正式建立了与清王朝对峙的太平天国农民政权。

此时太平天国的势力已经遍及大清帝国南部，举目四望处处战火，清朝官员和将领非死即降，太平天国的声望和势力如滚雪球一般越来越大，眼看着就要剑指北京。

清廷自然坐不住了，咸丰三年（1853），清廷集结全国各地素质较好的绿营官兵约十万人，由钦差大臣向荣领兵，驻扎于太平天国天京孝陵卫，称"江南大营"，另有约一万人驻扎于扬州城外，为"江北大营"，作为策应。两营建立的目的不仅在于镇压太平天国，围困天京，还在于庇护苏州、常州地区的漕赋重地，保护国家重要收入来源和交通要道。

江南大营第一次围攻天京历时三年，正是太平天国在武昌、南京一带高歌猛进的全盛之时，被太平天国东王杨秀清、翼王石达开率太平军四十万用计反围歼，几乎全军覆没。

不得不说，彼时太平天国虽然在名义上占了天时、人和，因为其宣扬的政策和主张颇受劳苦大众的认同和向往，故而才能在短期内发展出巨大势力，但是真正令太平天国成为一支威胁到中央政权的武装势力的，却是其中那些确实有些将才的"王"。除歼灭江南大营的东王杨秀清、翼王石达开以外，北王韦昌辉、西王萧朝贵以及南王冯云山等，皆是自金田起义开始就随着"天王"洪秀全打天下的人，个个功勋卓著。

自第一次天京被围之患被解除，各位共患难的"王"开始越来越难共富贵，其中功劳最大的东王杨秀清尤甚，开始居功自傲、横行霸道，引得众将不满。于是在外患暂缓的短短一段时间里，太平天国内患陡生。

饱暖思淫欲，"王"们的心，蠢蠢欲动了。

咸丰六年（1856），因天王洪秀全退居幕后，东王杨秀清开始把持朝政大权。本是草根出身的杨秀清一朝富贵，顶头上司又恰好是个甩手掌柜，如此千载难逢的机会，想不起异心都难，时间久了，他自认为已经完全把持朝政，遂企图篡位夺权，却不料被部将告密，事情败露。

洪秀全一手建立了太平天国，当然不是好相与的，当即密诏北王韦昌辉和翼王石达开铲除东王，两王本就不满东王独断横行，二话不说受命而去。自此，天京事变开始。

韦昌辉率先动手，他受命后率先带兵回京，以迅雷不及掩耳之势包围了东王府，直接灭其满门。东王被灭后，城内军民惧于他韦昌辉的凶狠，不得不臣服于他。韦昌辉本为了结束东王的独裁统治而来，却在尝到了权势的滋味后成了下一个"东王"，他随即在天京城中变本加厉地实行恐怖统治，制造多起大屠杀，排除异己，攫取军权，无所不用其极。天京城内哀鸿遍野，民不聊生。迟来了一步的石达开苦心规劝，却不欢而散，愤懑之下又因失了先机而无法动手，无计可施之下，只得先行逃离天京，前往安庆，并将城内之事报告给了洪秀全，要求洪秀全惩处韦昌辉。

洪秀全万万没想到自己所托非人，让天京城乃至整个太平天国刚出狼窝又入虎穴，眼见着天京城内民愤四起，安稳难寻，他不得以再次将剑尖对准了韦昌辉。

清咸丰六年（1856）十一月初，洪秀全突然发难，处死了韦昌辉及其心腹200多人，并于十一月底召回了石达开，命他掌管天京城内军政事务。然而前车之鉴在先，这些一起从风里雨里走出来的生死兄弟已经再也难以找回当初的牵绊，洪秀全虽然将军政事务交给了石达

平定粤匪紀略 《卷五》

國楝亦攻克寶堰賊巢乘勝進攻黃茅莊拔之移營
句容
偽北王韋昌輝殺偽東王楊秀清昌輝復為偽天王洪
秀全所殺偽翼王石達開竄安慶
向大臣勦後金陵韋逆相慶次逆首偽東王楊秀清
素以洪秀全為贅疣至是陰有自立意合共下呼以
萬歲洪秀全趣名為北王韋昌輝偽翼王石達開
密圖之昌輝先至秀清洞胸割而烹之盡殺其黨石逆自湖北
抽刃刺秀清洞胸割而烹之盡殺其黨石逆自湖北
至貴華逆太酷韋逆怒將併圖之石逆覺縋城夜遁
韋逆悉誅其母妻子女洪秀全益懼乃密諭其黨與
楊秀清餘黨共攻偽北王府韋逆乘亂逸出潛渡江
馮楊秀清逆黨所獲縛送金陵寸磔之誅其族石達
開遂竄安慶秀清偽昌輝首至帝國達開回金陵後
困秀全偽忌復之皖
同知李元度林源恩統江楚兩軍轉戰撫建間自五
九月江楚軍克復江西吳黃崇仁縣
月至八月小勝三十餘大捷亦十數賊星散蟻聚終

清人关于天京事变的记载

开，却无法完全信任他，甚至加封自己兄弟为王，以牵制石达开。

以为已经解决太平天国内忧，正摩拳擦掌准备实现心中抱负的石达开，上任不久后就发现自己处处受限。他可算是太平天国初代将领中少数还保持初心的忠义之士，然而却受困于兄弟相残的剧目中难以脱身，悲愤之下干脆带兵离开了天京，出走西南。

天京事变虽然发生在今天的南京，然而却对之后的江南战局产生了巨大影响。天京事变直接导致太平天国初代将领死伤惨重，各王之间心生猜忌，军民之间亦有了嫌隙，本来铁板一块的起义军逐渐开始松散，尤其是翼王石达开的出走，使太平天国元气大伤。虽然"老一代"王的陷落也给了李秀成、陈玉成、杨辅清、石镇吉等后起之秀崭露头角的机会，但以"神权"立足的太平天国却因此事跌落神坛，再也无法抢占其在人民精神层面上的制高点，自此无可避免地由盛转衰，天京事变成为太平天国由盛转衰的一个转折点。

可又恰是这天京城中的惨烈内斗，让不远处茕茕孑立的杭州城，进入了太平天国诸位王的视野，再次踏上历史舞台。

二围天京，何以解忧围魏救赵

天京城内的混乱自然没有逃过清廷的眼睛，待当下最有实力的翼王石达开带兵离开后，清咸丰八年（1858），江南大营再次被组建了起来，由钦差大臣和春、提督张国梁统师，引官兵二十余万，再次围向了天京。

这一次，没了老一代战神杨秀清和石达开，第二次被围的天京，似乎已经岌岌可危了。

此时刚经历过战火的天京城内，昔日群王并存的辉煌犹在，然而雕梁画栋中却已经有了洗不清的权斗之争留下的斑斑血迹。已经退居幕后的天王洪秀全再次坐在了其中，面前两列将领却已非昔日同袍，短短六年时间，几乎全成了新面孔，忠王李秀成、英王陈玉成就位列其中。

如今想来，太平天国虽然是以宗教的名义发动的起义，颇有些封建迷信的色彩，然而在其发展的过程中，却着实运气不错。从最初发展时便有杨秀清、石达开等将才带兵攻城略地，之后即便有天京事变这种对一个政权来说近乎毁灭性的打击，待外敌兵临城下之时，却还能拉出一批才能不亚于前辈的年轻将领顶上，这过于富足的人才储备，足以令过去历朝绝大部分掌权者称羡了。

洪秀全此时大概也没料到面前坐着的年轻人们能做到什么程度，他此刻只是紧紧抓住每一根救命稻草，询问他们："天京危急，众卿可有对策？"

本以为接下来的气氛会很令人窒息，谁料却真有人站了出来。

这人三十多岁，面貌端正，身形魁伟，正是李秀成，他恭敬道："天王，臣有一计，若实施得当，或可一守。"

"哦？说来听听。"洪秀全闻言一喜，往前一探。

"求天王允臣领兵，出城攻打杭州！"

"什么？杭州？！"洪秀全大惊，"天京如此危急，何以还要分兵去杭州？"

"天王！此乃围魏救赵也。"李秀成冷静地答道。

洪秀全能做天王，自然不是寻常人等，听后立刻意会，见周围其他人纷纷若有所悟，也思忖起来，许久才道："你，有几分把握？"

"只要我们领重兵攻杭州，杭州定会向江南大营求援，届时天京之围压力必减。若是攻守得当，说不定还能有意外之喜。"

"什么意外之喜？"

李秀成迟疑了一下，缓缓道："杭州。"

洪秀全一惊，待明白过来，哈哈大笑，大手一挥：

"准了！忠王但去无妨，我等在天京等你捷报！"

李秀成知道这是将天京和杭州乃至太平天国的命运都交到了自己的手上，精神一振，大声道："定不负天王期望！"

于是，在天京被江南大营围困之际，咸丰十年（1860），李秀成带兵自天京来到浦口，将浦口的军务移交给部下黄子隆、陈赞明后，前往芜湖，率部七千余人，从芜湖出发，抵达了南陵。其堂弟李世贤领军，自皖南入浙。后兄弟俩联合攻占了长兴（今属湖州）。

再往前便是杭州了，李秀成虽然说得轻松，但是杭州也不是无兵之地，真要打下来谈何容易。他与李世贤商量了一下，决定兵行险着，兵分两路。一路由李世贤带领佯攻湖州；一路由李秀成率领精兵六七千人，伪装成清军，穿其号衣，戴其缨帽，自湖州出发，沿莫干山东路，日夜疾驰，进军杭州。

可以说，李秀成确实将兵法谙熟于心，等盯着湖州的清军发现太平军已经兵临杭州时，个个大惊失色。

清浙江巡抚罗遵殿得知太平军大举袭来，急忙调兵遣将，加强杭州防御，并且果然如李秀成所料，杭州方联络了江南大营请求支援。杭州将军瑞昌则派协领塞沙图，带领佐领七名，兵二百余名，会同臬司（提刑按察使司）段光清所部广勇（禁军名）二百名，协防局练勇（地方武装团和乡勇）五百名，及截留江南大营新招募的江西兵勇一千名赴余杭布防。复调驻乍浦的旗兵四百名到杭州设防。可以说是将杭州周边能打的青壮兵丁全部搜罗了过来，以期在援军大部队赶来之前能够抵挡一二。

李秀成率军在独松关（在今杭州临安西北）攻打了清军段光清部，时清防兵不过百人，哪抵挡得过数量远高于己方且准备充分的太平军，转瞬便溃不成军，四散而逃。

李秀成随即到达了武康，紧接着又带兵由武康梯子岭（在今湖州德清）绕过重兵把守的常王山、昱岭关（在今杭州临安）、泗安镇，进入了杭州境内，直达瓶窑。并且在第二日就到达了勾庄，又夜焚良渚，直接进逼杭州，杭州危急。

要说李秀成如何知道这入杭的小路，还要多谢咸丰九年（1859）之时，江南大营在浙江乡试的时候，将从皖南前往浙江应试的人编入军队，率领他们从广德、泗安，经过安吉、孝丰抵达杭州，走的便都是山中小路。

自此便有了不少人知道了这抵杭的捷径，太平军早已事先探明这些小路，自然是为了能像如今这般用在刀刃上，一时间行军如有神助，转瞬便到了杭州面前。

清江南大营统帅和春闻讯坐不住了，若杭州沦陷，江南大营便会腹背受敌，他自然不能坐视不理。和春立刻遣提督郑魁士统兵四千，自溧阳、宜兴驰援浙江，并且令副将曾禀忠带长龙船六十艘、水勇一千名，参将罗熙贤统步兵两千名，由苏州、常州赶到湖州布防。复派副将向奎、提督张玉良率兵两千名援浙，援浙清军由张玉良负责指挥。

然而此时清军对太平军的速度和兵力皆估计错误，待江南大营出击之时，李秀成已经到达杭州武林门外，组织部队开始对武林、钱塘、艮山诸门发动进攻。

一时间，原本平静的杭州城突然四面战火、处处硝烟。直到此时，杭州知府陈炳元、管带（巡防营与陆军警察队统辖一营的长官）楚勇登上武林门放眼四望，才知道太平军已经兵临城下。

千钧一发之际，是非成败似乎就在两军的一念之间了。

连他们都不知道，那在城内驻扎的，平时无所事事的驻军自然更不知道。杭州此时驻扎有满营旗兵两千余人、绿营兵三千余人、勇丁约两千人。人数虽然不少，但是心理素质显然不及外面那些奋勇攻城的太平军。

大清已历经二百多年的变迁，这些兵勇无法切身体会外面那些起义之人心中的怒火，更没有拼尽生命搏一个新生活的勇气，结果便是未战先溃。所谓"人心惶惶，动辄哗噪。或以闭城为张皇，继又谓战缓为退缩"（《清史稿·罗遵殿传》），其败兵之相彰显无疑。

此时双方明明兵力相当，可是巡抚罗遵殿却不敢迎战，反而着将军瑞昌带兵守钱塘门，副将都统来存带兵守武林门，如此避战不出，双方士气落差越来越大。第二日，在余杭独松关败退的段光清带部队退回杭州，由满营接应入城，城内兵士从他们那儿听闻太平军的骁勇凶悍，愈发慌乱。

所谓"上兵伐谋"，李秀成不愧是对兵法颇有钻研之人，估摸着城内人已经吓破了胆，他干脆扬兵于西湖沿岸，让手下在将台山、万松岭等处遍插太平军的旗帜，营造出一派千军万马漫山遍野的假象，以彰显声势。凤凰山附近的军民纷纷退避，唯恐太平军突然冲杀进来。殊不知这是李秀成又一出"暗度陈仓"之计，他趁城内

关于杭州之战的记载

军民对凤凰山麓避之如虎的时候，带兵悄悄绕到了玉皇山，扎营在杭州南门外。

太平军来得迅猛，当他们攻至岳坟之时，尚有不少士人小姐在城外游湖，又有香客无数，心不可谓不大。而太平军一来，杭州便立刻关闭了城门，大半不及回城的人被杀死于湖中，香客更是死伤无数。

杭州城内闻讯大恸，思及此时太平军初来乍到，兵力尚少，便有乡绅提议先下手为强，让杭州守军率先出击，杭州将军瑞昌深以为然，然而巡抚罗遵殿却驳回了这个提议。不仅如此，罗遵殿还拒绝打开一两个城门让城中百姓率先撤离，盖因盐运使缪梓一句"必使人民不去，而后可与共守"。这般指望百姓留下来与守军一道殊死抵抗的想法，实在是丧心病狂，也为未来杭州百姓对清廷的不满埋下了伏笔。

江南大营派来援浙的提督张玉良带兵到达了苏州，

准备联合即将到来的湖广总督官文、湖北巡抚胡林翼遣知府萧翰庆率领的援浙湘军，以及总兵米兴朝率领的三千九百名民勇一起反包围杭州城外的太平军。

待湘军和从安徽出发的皖南民勇到达富阳后，清军终于准备好反攻。

李秀成会等着清军攻过来吗？当然不会。知己知彼，与清军打了那么多年仗，他们的行事风格，李秀成可谓是心知肚明。外头清军四五支部队调动得声势浩大，他却还有条不紊地施行着自己的计划。外围清军刚集结不久，他就已经在南屏、凤凰诸山立营十余座，又令兵士在清波门外的戚家园、西竺庵一带挖起了地道，为了掩饰挖掘的声音，他们日夜在清波门外敲锣打鼓，可谓做足了功夫。

城内的守军也不是全然没有知觉，清绍兴府照磨陈奉彝本也是精通兵法之人，他当即要求打通护城河以防备太平军挖掘地道。然而此时天不助杭州，彼时杭州大雨连绵数日，土地泥泞，工程难以施行，只能作罢。

总兵米兴朝和臬司段光清率亲兵及江西兵勇分三路出战，但都被太平军打败。太平军还在馒头山上叠棺材，将其伪装成营垒，又把净慈寺的罗汉像都搬来围着"营垒"，将太平旗插入它们"手中"伪装成执旗的兵士。清兵自城内望向山上，都以为那是太平军的营垒，纷纷向其开炮，耗费了不少精力和弹药。太平军正好趁此机会摸清清军炮阵的位置，从别的高处炮击清军阵地，炮弹如雨，清军守将自知中计，不由得乱了阵脚，又怯又怒。

到了此时，江南大营的援军张玉良才带兵到达湖州。

杭州岌岌可危，连湘军和皖南的援军都到了，江南大营的援军却还在湖州盘桓，且不论双方效率对比如何，恐怕此时张玉良，或者说江南大营的统帅对于调离包围天京的兵前去援浙，心中应该还是略有些迟疑的吧。

然而事急从权，不管包围天京失败还是杭州陷落，都是大清目前江南局势不可承受之重，既然已经到了湖州，江南大营此刻也只有硬着头皮继续往前，把事情一样一样做好了。

清提督张玉良带兵到达湖州的第二日，江南大营副将向奎即率兵勇一千五百人，由海宁到达杭州，屯兵于观音塘东，与李秀成驻扎在城外的精兵遥遥对峙。而之前被打败的米兴朝则退守九龙头，另有九江镇总兵李定太带部自湖州回援杭州，驻扎在半山。

及至此时，李秀成在杭州城外一番操作之后，清军江南大营以及周围援军才姗姗来迟，稀稀拉拉地部署在杭州周边，且连湘军、皖南民勇等"小虾米"都到了，真正的战力——清军江南大营军却还被张玉良拘在湖州，不进又不退，似乎还在观望。

李秀成哪会乖乖等张玉良下决心，他的目的就是搞出大阵仗吸引清军的注意力。既然江南大营的兵到了湖州，他的计划便已经成功了一半，此时更是无所顾忌，当即带领士兵在杭州候潮门、望江门和清波门一带与清军连日激战，等用疑兵之计骗得清军阵脚大乱时，杭州守军不得不收起了反攻之心，寄希望于杭州的城墙能拖延一二。

就在此时，"轰！"

地道炸了。

该来的，还是来了。

血战杭州，太平计成忠王鹊起

天刚蒙蒙亮，一阵连绵不断的巨响惊醒了正在酣眠的清兵。

李秀成之前挖的地道终于在此刻发挥了作用，他们早已在地道内埋好了炸药，就等清军被引去馒头山时，乘虚攻入。此时炸弹一引爆，清波门黄泥潭十多丈高的城墙转瞬间被炸开了一个巨大的豁口，随之而来的，是比爆炸声更为振聋发聩的喊杀声。

"杀啊！"烟尘中，李秀成带着部将谭绍光、吴定彩、陆顺德等一千二百多名先锋战士从豁口处率先冲进了杭州城内！

城中人早就被吓破了胆，此时更是被这宛如神兵天降的军队灭了士气。一千多名太平军战士如虎入羊群，他们裹着红巾，杀声如雷，转瞬就在守城的清军中杀了个来回，一路上如砍瓜切菜一般，锐不可当。

见太平军杀了进来，驻守城内的盐运使缪梓立刻带麾下清兵前去拦截，双方在城内发生激战，缪梓战死。清军此时被李秀成前期布下的疑阵分散在各处，很快就被击败，纷纷败逃。失败情绪如瘟疫一般瞬间席卷全城的清军，他们很快就溃不成军，难以组织起有效的防守和反击。城内官府被席卷了一遍，浙江巡抚罗遵殿、署藩司粮道道员王友瑞、杭嘉湖道道员叶堃、宁绍台道道员孙樾，以及杭州知府、仁和县知县等官员或被杀，或自尽身亡，几乎无官员幸免。

至此城破之时，却还有人浑水摸鱼。清都司姚发科麾下的福胜兵勇，于清泰门、庆春门被太平军击溃，为了苟活，竟然裹上红巾伪装成太平军，反过来劫掠杭州百姓，逼得百姓壮丁奋起反抗，与之力战。

杭州将军瑞昌本来力守武林门，得知涌金门惨状，急忙引兵赶来，双方在外城遭遇，当即杀在一处，打得难舍难分。其他清军见状，也激起了血性，反身加入战团，竟然勉强拉回了局面，双方势均力敌。

因前期的溃败太过突然，清军的反击依然没有取得足够的成效，为了保存战力，清军且战且退。在看到外城已经无处可守之时，瑞昌下令退守子城，于是清军残部全部退入子城，严防死守。

李秀成部已经杀得兴起，杭州外城到手，自然想更进一步，当即领兵攻打子城。然而子城乃从吴越起便打下基础，经过历朝历代的加固修缮，到宋时更因为作了皇城而愈发坚固，此时清军下定决心死守子城，李秀成凭着之前那些手段自然难以轻易攻下。

为了保存实力，防止子城内的清兵偷袭，夜里，李秀成率部退出杭州城外，准备来日再战。这一举动给了清将领段光清逃跑的机会，这连日的战斗早就让他吓破了胆，当晚就偷偷逃了出去。

第二天，太平军再次整兵入城，不眠不休地攻打六日都没有进展，双方都伤亡巨大，局面一时间僵持不下。

此时李秀成又想故技重施，令部下在子城外的王家

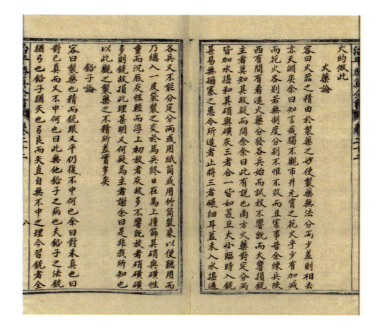

《治平胜算全书》中关于"火药"的记载

荡挖掘地道，想再用炸药炸出一条攻占子城的通道。这一次清兵不会轻易上当了，很快便有人将此事告诉了瑞昌。瑞昌当即命人埋伏在洞口，一看到有太平军冒头便杀之，李秀成用火药炸开通道的计策于是失败了。

但若是一直让太平军这般在杭州为所欲为，子城陷落也只是时间问题。

此时，一直在湖州被李世贤牵制的江南大营终于不跟他们纠缠了，得知杭州危讯，提督张玉良大惊失色，终于意识到中了调虎离山之计，当即令大军开拔。然而此时等大部队赶到肯定已经来不及，遂亲率六百精兵，乘小舟日夜兼程赶赴杭州，赶到之时，杭州外城已经一片疮痍。

张玉良赶到杭州大关外，得知瑞昌在子城坚守，没有贸然赶去子城与太平军正面对抗，而是率兵沿外城一路奔袭，出其不意，接连绕过武林门、钱塘门外的太平军营地，方才赶赴内城，欲与子城的清军一道，夹击太平军。

此时子城之中，清军正在来存、杰纯等将领的带领下与太平军苦苦鏖战，战况极为惨烈。太平军见清军援兵已经到来，又见主帅旗号为"张"，还道是江南大营提督张国梁亲至，哗然之余，李秀成不惊反喜。

这意味着，江南大营果真中计了！自此，他们的"围魏救赵"计划彻底成功，何须再与前后的清军纠缠。

但此时张玉良已经领兵到身后，要轻易撤出却也不是容易的事，于是他命手下竖起早就准备好的旗帜，树立在外城各处，让张玉良以为四处都是太平军的人，张玉良一见旗帜立刻领兵杀过去。李秀成趁机带兵从清波、涌金两门潜行撤离。

太平军虽然是主动撤离，但看起来张玉良驰援解围却是事实，杭州自此收复，清廷得知后，以为张玉良立下奇功，赐黄马褂，擢升为广西提督。

这一战下来，杭州城内一片废墟，有史载杭州遭死难者十万有余，其中不乏自杀与被掳者，战后满目疮痍，河水尽赤。

因街上尸首过多，连下脚都难，还有大量尸首被投入水中，以至于堵塞了河道。惨状如泣诉，历历于史书，以至于后来杭州百姓思及巡抚罗遵殿不肯开城门让百姓逃离之举，皆恨其无为，甚至不信其已战死，都说他定是早就降于太平军。更有在京师为官的杭州人，得知清廷给予罗遵殿丧葬善后之仪，怒而奏请撤销，亏得曾国藩等重臣力争，才得以保住罗遵殿死后的体面。

当然，这是后话了。

而真正的主角，布置这一盘大棋的人——李秀成在带兵撤离杭州以后，昼夜行军，疾驰北返。经余杭，过临安，沿天目山小道过孝丰，一路疾行到达广德。

李秀成部到达广德后，原本在湖州牵制江南大营的李世贤得知计策成功，当即带兵转头前往湖州，与李秀成会合。两部会合之后，一起赶往天京，沿途收拢为解救天京而前来的太平军各部，及至四月中旬，与英王陈玉成会合的太平军已经达到十余万人。

大军气势汹汹，直奔为了援浙而兵力空虚的江南大营！

此时尚在杭州的张玉良究竟有没有识破李秀成的计策，后人自然不得而知，然而太平军进攻江南大营之举，却足够张玉良之前的一切努力化为泡影。江南大营虽然有百战之兵，但精锐被抽调，总兵提督都去援浙，群龙无首，偏又碰上太平天国视他们宛如有杀父之仇，仓皇之下，一触即溃。自正月天京被围，到四月中天京解围，短短三个半月，刚刚重建的江南大营被再次攻破，彻底摧毁，天京之围就此被化解。

天京之围的化解是中国近代史上非常经典的一次围魏救赵之计。大方向上，李秀成借杭州的重要性与地理位置对南京进行反胁迫，细节操作上也充满了兵法艺术，潜伏奔袭杭州时的乔装改扮，挖掘地道、放置炸药的暗度陈仓，以及在馒头山设置空营吸引火力的声东击西，每一步都算无遗策，可见其韬略。

　　而相应的，此次天京之围也暴露了清军方面的巨大弱点。在得知李秀成带兵突袭杭州之时，清廷虽然即刻调动了附近的驻军紧急驰援，然而不管是江南大营、湘军还是皖南军，全都各自为战，暴露了其指挥混乱的事实，并且将李秀成布下的陷阱"稳准狠"地踩了个遍，这才给了太平天国重振精神的机会。

　　但同时，清廷也意识到了太平天国在经历天京之乱后，被本次内讧所激发的隐藏力量。双方的斗争再次升级，各方大佬开始轮番出场，在江南这片秀美大地上，展开新一轮权力与梦想的博弈。

参考文献

　　1.人民教育出版社历史室编著:《中国近代现代史(上册)》，人民教育出版社，2006年。

　　2.陈宝辉:《天京保卫战攻守双方兵力问题初探》，《社会科学辑刊》1983年第5期。

　　3.韩山文:《太平天国起义记》，文海出版社，1935年。

　　4.方建春:《论太平天国后期的"围魏救赵"战略》，《固原师专学报》2002年第1期。

　　5.何振东:《太平天国建都和保卫天京的战略得失》，《徐州师范学院学报（哲学社会科学版）》1983年第2期。

　　6.王明前:《太平天国一克杭州战事考》，《大庆师范学院学报》2007年第3期。

7.王兴福:《浙江太平天国史论考》,浙江人民出版社,2002年。

8.沈渭滨:《太平军二破江南大营战役研究》,《历史研究》1982年第3期。

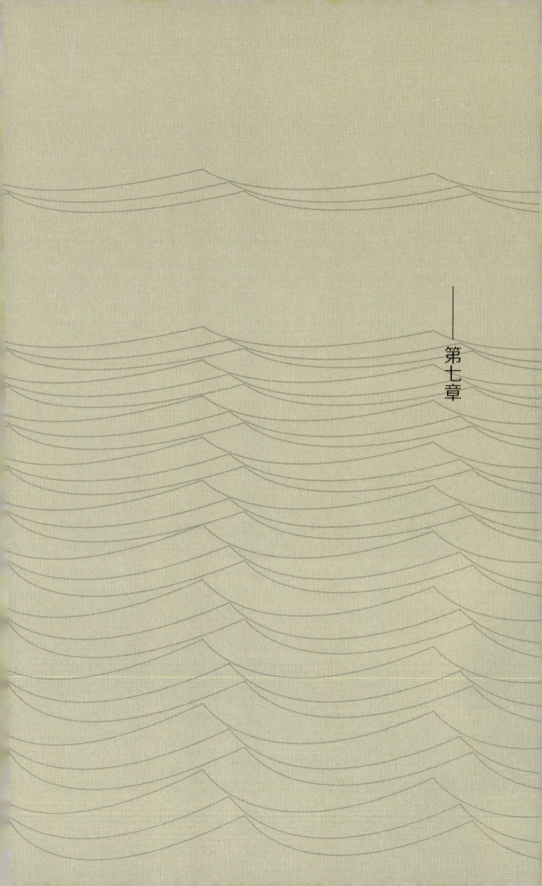

第七章

杭州城：千年相守的忠义之城

处处忠骨，千锤百炼终迎光明

关于杭州的十大古城门，有这样一曲民谣：

武林门外鱼担儿，艮山门外丝篮儿，凤山门外跑马儿，清泰门外盐担儿，望江门外菜担儿，候潮门外酒坛儿，清波门外柴担儿，涌金门外划船儿，钱塘门外香篮儿，庆春门外粪担儿。

现在的孩子已经很少知道这首民谣，即便知道，要用杭州话字正腔圆地念出来，怕是也要费一番力气。然而正是这么一首民谣，却承载了杭州城无数的记忆和故事。

自吴越以来，杭州便在历史的洪流中逐渐成长，每一砖、每一瓦都有着历朝历代的气息。从名不见经传的钱唐县，到隋后成为京杭大运河的另一个终点，及至到了南宋，干脆就一跃成为一个朝代的都城。

南宋定都临安（今杭州），本是无奈之举。所谓"北望中原在何所，半生赢得鬓毛霜"（〔宋末元初〕刘黻《题江湖伟观》)，"暖风熏得游人醉，直把杭州作汴州"(〔宋〕林升《题临安邸》)，"王师北定中原日，家祭无忘告乃翁"(〔宋〕陆游《示儿》)，"把吴钩看了，栏干拍遍，无人会，登临意"(〔宋〕辛弃疾《水龙吟·登建康赏心亭》)……从南宋及后世流传下来的诗词看来，即使身在"人间天堂"的杭州，当时的人们也无时无刻不记挂着北方的国土，甚至对于人们沉醉于杭州纸醉金迷的生活发出"西湖歌舞几时休"的质问，感情中充满悲愤和无奈，与唐朝诗人杜牧那句"商女不知亡国恨，隔江犹唱后庭花"有着异曲同工之嘲讽。

可正是这样的临安，即便心不在此，却依然蓬勃有力地生长着，以看似柔弱的身躯，抵挡了北方的进攻长达约一百五十年之久，其外柔内刚，足以证明江南的血性。

对此最有发言权的，必然是杭州的城墙和城门了。

在宋高宗赵构定都临安之时，其实并没有想到他会在这儿终老。可能很多人都没有细思过，为何杭州拥有自己的名字几千年，偏偏在南宋之时，却成了临安府，其实从字面意思上就可以看出，那是"临时安顿"的意思。

彼时赵构在初逃到南方之时，为显示收复国土的决心，仅仅只是把杭州当成一个"行在"，意为天子所在，或是天子巡行所到之处。并且仍将东京汴梁城称为京师。

就连《马可·波罗游记》和同时期的一些西方著作中，也都将杭州称为"行在"，可见直到元代早期，"行在"仍是对杭州最通行的称呼。

然而梦想是丰满的，现实却是骨感的。南宋北望一百五十余年，终究还是被元朝铁蹄踏破山河，连行在但是即便是行在，那也是要有排面的。

杭州城终究是拥有了它作为一个都城的待遇，在天子正式落脚后，如火如荼的"都城"建设也正式开始。首先最重要的自然就是皇帝的排面——皇宫，赵构一到杭州，就把皇宫地址选定在了凤凰山，一来这里风景不错，二来这是当时杭州的高点，方便他控制全城。幸而他当时是南逃，刚到杭州，还囊中羞涩，皇宫的建设仅沿用了最简单的设计。

南宋绍兴十八年（1148），皇城南门为丽正门，北门为和宁门，改东苑门为东华门。如今，在万松书院一带，还能找到当时城墙的遗迹。

接下来要修建的，就是最重要的建筑——杭州城墙。这自然不仅仅是排面问题了，它的重要性在于抵御金兵的入侵，是保命的关键要素。于是，临安开始大兴土木，逐渐有了一个简易"都城"的样子。

北边的国土被金国蚕食殆尽，百姓纷纷南逃，杭州作为当时的首都，人口倍增，于是只好把城区往外扩张。南宋初建的杭州城，共有旱城门13座、水门5座。旱城门的东城有便门、候潮门、保安门、新门、崇新门、东青门、艮山门；南城有嘉会门；北城有余杭门；西城有钱湖门、清波门、丰豫门、钱塘门。此外，为了关防需要，也为了城内生活用水、水利灌溉和舟船交通之需，还建设了水门五座，分别为保安、南水、北水、天宗、余杭。杭州古时的河道便是通过水门穿越出城。

南宋对杭州的建设，为杭州最初的城垣形态打下了最为扎实的基础，也成就了南宋抵御外敌一百五十年的坚实后盾。

宋朝灭亡后，元朝统治者明文规定禁止修建城墙，一度下令拆毁各地的城墙。"元混一海宇，凡诸郡之有城郭，皆撤而去之，以示天下为公之义"（《至顺镇江志》）。元朝崛起于大漠，几乎没有修建城池的传统。再者，元朝在征服中原的过程中，感受到了敌方城墙对于进攻确实是一种障碍，所以元朝廷下令毁坏城墙，以期迅速扑灭各地的反元势力，削弱他们的抵御能力。

然而，当元朝统治开始稳固之后，地方上要求重新修复城墙，以确保各地治安的呼声日益高涨。杭州城在元初因未得修缮而残破，在动乱不已的元朝后期却得以扩展。导致杭州城扩展的关键人物，是义军领袖——张士诚。

张士诚，是元末的群雄之一，他是盐贩出身，自幼穷苦。元朝末年，朝政腐败，财政入不敷出。统治者为了填补不断扩大的政府开销和军费支出，大量增发盐引，不断提高盐价，使盐业成为国家财政的最主要的收入来源。盐贩的生活也因此雪上加霜，日益难以为继。

张士诚于至正十三年（1353）与弟弟张士德、张士信率盐丁起兵反元，一路攻城略地，发展壮大，逐渐成为割据江南一带的豪强，甚至能与后来的明太祖朱元璋分庭抗礼。而正是那个时候，张士诚占据了杭州，并在此驻扎了下来，彼时他兵多将广，自立为吴王，自然如当初的赵构一般开始考虑建设"都城"事宜，故而征发民夫，开始了如火如荼的扩城运动。

《西湖游览志》有记载：

凤山门，在城南，与北关门对，俗称正阳门。又东南二里许，宋有嘉会门，南近凤凰山为禁垣，北阙有和宁门。入和宁门，透大内，直南，有丽正门。杭州城垣，创于隋杨素者，周广三十六里有奇。广于钱镠者七十里。元时，禁天下修城，以示一统，而内外城隍，日为居民所平。至正十六年，张士诚陷姑苏，据浙西五郡。十九年，发松江、嘉兴、湖州、杭州民夫复筑焉，昼夜并工，三月而完。城周六千四百丈有奇，高三丈，厚视高加一丈而杀，其上得厚四之三焉。旧城包山距河，故南北长时则自艮山门至清泰门以东，视旧则拓开三里，而络市河于内。自候潮门以西，则缩入二里，而截凤山于外。礼部尚书贡师泰为之记。明兴，遣曹国公李文忠将兵取杭州，守将潘元明纳款，城隍皆如元旧。

《浙江通志》有记载：

门仍一十有三，东无便门、保安二门，北增天宗、北新二门，南嘉会门改曰和宁门。

总的来说，便是杭州城的城垣初创于隋朝，后在五代十国时期的吴越国国主钱镠手中扩大，在南宋时发展到巅峰，但到了元朝因为禁天下修城而被毁。

直到张士诚占据两浙，方才再次复工，且加高了城墙，还扩展了城池，将附近的山川包括了进来。城门亦有变动，废了四座旱城门，新建凤山门，还改了一些城门的名字。最终留存下来的十座城门为：清波门、涌金门、钱塘门、候潮门、望江门、清泰门、清平门、艮山门、庆春门、武林门。

在城中，还有一些重要的寺庙道观等宗教设施，也是在元末的扩城活动中被围入了城区。景隆观，"元末筑城，移入城内，寻毁于兵"；演教寺，"在吴山东北半里许……张氏展城，围入"；水陆寺，"在狮子巷……寺故在城外，张氏展城，围入"；惠林寺，"在蒲场巷……元至正间展城，围入，寻毁"。

连年战火，朝代更迭，诸多的寺庙建筑在如今已经了无痕迹，"陵谷变易，城阙丘墟，虽都人遗老有不能道址之所在者矣"（《汴京遗迹志》），但也有一些在接下来的历史中占有了一席之地。

不得不承认的是，虽然到了元代末年，张士诚占领了杭州，大兴土木劳动百姓，但其扩城行动对杭州如今的布局也有一定的影响。

这十座城门的名称一直沿用至今，也就是大家所熟悉的杭州十门。从而便有了本文开头那首广为流传的杭州民谣。

那么，如此顽强存在了那么多年的杭州城门，各自又有什么故事呢？

凤山门：

凤山门为杭城的南大门。绍兴二十八年（1158），南宋朝廷在凤凰山一带建造皇城，又筑造外城。南宋末期，元兵攻入了杭州，没过多久，南宋皇城便毁于战火，凤山门也一同被毁。到了张士诚据杭州时，重新建造了城垣，又因为这一处的城门靠近凤凰山，故而得名为"凤山门（又名正阳门）"。

凤山门位于南宋御街最南端，旁边有六部桥，在南宋时期位于三省六部诸官署的所在地附近。门外即是万松岭一带，地居枢要，风景优美，成了人们骑马踏青之地，故而有了"凤山门（正阳门）外跑马儿"的说法。

凤山门有水陆两门，其水门引钱塘江之水，通过城内阡陌纵横的水道，出武林门水门，和京杭大运河连在一起。所以它既是龙山河北端的端点，也是扼守江南运河通往钱塘江的咽喉，战略意义极其重要，自建成起，就成为杭州最为重要的古城门之一，在民国初期被拆除，如今是大运河的遗产点之一。

钱塘门：

钱塘门，始建于南宋绍兴十八年（1148），为杭州西城三门之一。门外多佛寺、楼台。最有名的佛寺是昭庆寺，昭庆寺前还有望湖楼。往灵隐寺和三天竺进香的人，

钱塘门

大多通过此门出入，方才有了"钱塘门外香篮儿"的说法。

清顺治七年（1650），清政府为加强统治，在杭州建立旗营，驻扎旗人的主力以及负责漕运的旗丁，钱塘门便位于旗营西北角，几乎成了漕运专用的城门。

钱塘门于民国二年（1913）被拆除，为的是将西湖与市区连接，如今已经与杭州西湖一起入选世界遗产名录。

庆春门：

庆春门是杭州古代东城门之一，始建于南宋。它原名是"东青门"，因城外有菜市，故又被百姓称为"菜市门"。南宋末，元兵进占杭州城，它与其他几个城门一样没有逃过被毁坏的命运。直到元末张士诚改筑杭城时被重建，往东拓展了三里。因为新的门更靠近太平桥，俗称"太平门"。

门内的庆春街，历来是杭州最为繁华的街道之一。不过因为门外有大片的菜园，菜农大多通过这个门运菜进城、挑粪出城，故而便有了"太平（庆春）门外粪担儿"的说法。

庆春门是杭州唯一一个在现代被重建复原的古城门，在古庆春门旧址之上建了杭州古城墙陈列馆。

武林门：

武林门为杭城最古老的城门之一，应该也是经历战火最多的城门之一。它始建于隋朝，有一千三百多年的历史。五代十国时，吴越国王钱镠修建杭州垣，称之为

"余杭门",到了明代方被定名为"武林门"。

武林门外自隋朝以来,一直是沟通我国南北的大运河的起点。附近的"北关夜市"为钱塘八景之一。

武林门到湖墅一带,历来是杭嘉湖淡水鱼集散地,所以才有了"百官(武林)门外鱼担儿"之说,从而也有了流传至今的湖墅卖鱼桥。虽然在民国初已经被拆除,但是这个名字却留存下来,始终保持着鲜活的生命力。

艮山门:

艮山门是古杭城的东北门,是五代吴越时钱镠所筑罗城的十城门之一,在那时名为"保德门"。南宋绍兴二十八年(1158),被迁移到了菜市河西,改名为"艮山门"。艮,为八卦之一,是"东北之卦",有东北方的意思。据载,杭州城东北恰好有一座小山,与汴京的艮岳相互辉映,为了表达对故国的思念,赵构将其取名为"艮山",这座城门便名为"艮山门"。又因艮山门东有一座顺应桥,俗称"坝子桥",故而又被当时的百姓称为"坝子门"。

艮山门一带在宋元以来便是个体丝织户与机坊的聚集地,机杼之声比户相闻,为驰名中外的"机坊"主要产地,从而得来"坝子(艮山)门外丝篮儿"的说法。

清泰门:

清泰门为杭城的东门。五代吴越初建时名为"南土门",南宋初年,因迁都临安,百姓增多,不得已扩展城池,南宋朝廷便在其更南面新建了一个崇新门,因为门靠近荐桥,便又被称为"荐桥门"。南宋末年因为元兵进占而毁。

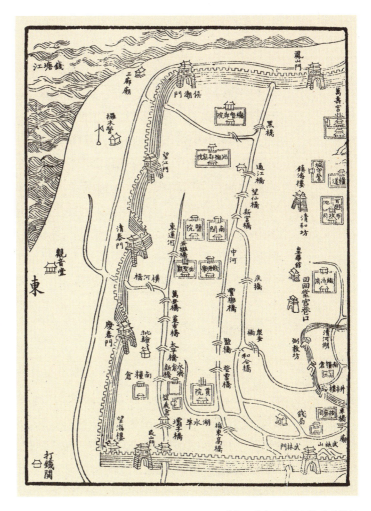

《浙江通志·会城图》中的城门

张士诚据两浙时再次拓展，改为"清泰门"。门外水网交错，里面多产螺蛳，故又有"螺蛳门"之称。而门外沿江一带直至江水入海处，是古代煮海盐之处，多为盐田，由盐贩往来运送，故而得民谣"螺蛳（清泰）门外盐担儿"，如今无论是盐田还是城墙都已消失，已经成了杭州乃至全国最大的服装集散地四季青的所在，依然生机勃勃。

望江门：

望江门为古杭城东南城门，始建于南宋绍兴二十八年（1158），毁于南宋末年。亦是如其他城门一般在张士诚手中被重建，同时还往东扩展了三里，并改名为"永昌门"。清康熙五年（1666），因其登城楼可以远望江潮，又被改名为"望江门"。望江门外多江涂田野，乡民以种菜为业，多有菜贩在此运输蔬菜，因而有了"望江门外菜担儿"的说法。在其初建之时，其东还有一座接着茅山河的草桥门，故而还有"草桥门外菜担儿"的说法。虽然已经于民国初被拆除，但今天已经成为杭州新城的中心，旧影难觅，然而未来可期。

候潮门：

候潮门始建于五代吴越，因筑城时以竹笼装石头、板车运输定下的城基，在那时被称为"竹车门"。南宋朝廷在竹车门旧基上重新建了一个城门，因城门濒临钱塘江，每日两次可以候潮，故改名为"候潮门"。昔日，绍兴之酒皆从此门入城，方有"候潮门外酒坛儿"的民谣。民国时被拆除，如今已经难觅昔日踪迹。

清波门：

清波门是古杭城西城门之一，因为紧邻西湖东南面，得名"清波门"，又有暗沟引湖水入城，被俗称为"暗门"，在五代吴越初建时便是一水门。南宋绍兴二十八年（1158）扩城时加筑为正式的城门，是少数以同一个名字沿用至今的古城门。

清波门紧邻西湖，故而历来就是诗人墨客和书画家寓居之地，古迹很多，又因为它通往南山，那里是市民生活所需柴薪的主要来源地，故而有"清波门外柴担儿"的说法。清波门应是几座城门中经历战争锤炼最多的城门之一，因为地理位置扼要，从清咸丰年间太平天国时期起，就时常被太平军挖掘地道以攻城，屡屡被爆破攻城损坏城墙，是攻打杭州时的重要通道之一。民国初年时被拆除，与涌金、钱塘两门一道连城墙拆除后，这里被改建为南山路、湖滨路，是杭州如今非常美丽繁华的市区干道。

涌金门：

涌金门为古杭城西城门之一。据载，五代吴越王钱元瓘引西湖水入城，在此开凿涌金池，筑造了此门。因门临近西湖，东侧有个水门，传说为西湖中金牛涌现之地，因而得名。

钱元瓘此举源于一个著名的神话传说。传说汉代时，西湖底有金牛潜伏，每逢湖水干涸之时，金牛即涌现，吐水将湖注满。当地官吏为讨皇上欢心，命百姓吸干湖水。水干之时果见金牛，官吏们争先恐后下湖捉牛，金牛昂首怒吼，张嘴吐水，顷刻之间，官吏们全部被淹没。从那以后，西湖水不再干涸，金牛也不再出现了。因此，西湖也被称作"金牛湖"。自此，"金牛出水"也成为西湖的一个著名景点。

南宋绍兴二十八年（1158），南宋朝廷筑城之时增筑了城垣，改名为"丰豫门"。但到了明初时，考虑到金牛出水的美好寓意，又复改回了"涌金门"这个旧名。涌金门自筑成之时便经过精心选址，是以自古以来就是主要的游览西湖的通道，为市区最繁华秀美的地段。城门楼上有楹联曰："长堤接清波看水天一色；高楼连闹市绕烟火万家。"西湖游船多在此处聚散，故有"涌金门外划船儿"之谚。

康熙南巡来到杭州游湖时，就是通过城内河道出涌金水门进的西湖。民国初被拆除后，打通了西湖与市区的联系。

中国古代的城墙，在某种意义上就是界定城市的标尺，每一里的移动都直接影响着这个城市的大小。而如今，放眼全国，还留存有古城墙的城市寥寥无几，即便依然保存着的，那也是意义大于功能。这是时代变迁的需要，也是历史大步向前的证明。

杭州的十大古城门亦是如此。它们先后在民国初被拆毁，多是为了铺设铁轨、修筑道路或者连通城区，并非是这些守护杭州千百年的城墙失去了价值，而是牺牲它们将会让杭州获得更大的发展空间。它们守望杭州千百年，迎来无数英雄豪杰，送走故人敌人，见惯了大场面，也看多了人间世，想来经历了千年风霜洗礼，承受了如此多的枪林弹雨，它们原本也早已千疮百孔，足以功成身退，含笑离开。

如今它们还剩下的，除了后人为了纪念城市变迁而为它们立的碑，便是那些杭州人耳熟能详的名字，一个景点、一片区域或者一个小小的公交站……它们的身体虽然消失了，但是它们的名字却带着它们的故事无时无刻不存在于杭州人的生活中。即便已经失去了它们本身的含义，但是只要它们一直留存在我们的记忆中，它们便永远存在着。

它们的名字无人不知，它们的守候永世感怀。

剑指杭州，反清号角响彻苏杭

天京之围之后，江南地区风云变幻。

太平天国的忠王李秀成成功"围魏救赵"，借奇袭杭州解围天京之后，一时间风头无两，成了太平天国最为炙手可热的将领之一。而另一位炙手可热的将领，便是英王陈玉成。

彼时李秀成带兵奇袭杭州，解围天京，清廷派出的曾国藩则带领湘军打下了安庆，截断了太平军西进的道路。天王洪秀全此时意气风发，下令太平军西进，夺回安庆。陈玉成领命带兵前往，却被湘军打败，究其原因，却是李秀成没有按约定前往助阵。此时的李秀成，心心念念的，是杭州。

自第一次奇袭短暂占领杭州之后，李秀成就对那个丰饶富裕的重镇念念不忘，杭州地理位置扼要，背山面水，海河交汇，又有秀丽的景致和发达的经济，着实是个不亚于天京的好地方。

李秀成此时春风得意，又念及此时清军的注意力全在皖西战场上，干脆自行统领大军，于咸丰十一年（1861）九月上旬，再次向杭州进军。

此时距上一次太平军攻打杭州不过才一年多，清军忙于战翼王石达开于四川，战英王陈玉成于安徽，万没想到李秀成竟然敢再次奔袭杭州，而且还是如此之快！

李秀成的先头部队经过桐庐，攻占了新城，并于三日后攻克临安。后李秀成又率领主将谭绍光、僚天燕、邓光明、蔡元隆、童容海和郜永宽等，攻占了余杭，即与陈炳文部会合，开始分工部署攻打杭州府城。

李秀成令陈炳文部从东面进攻，郜永宽部从北面进攻，李秀成则亲率主力从西南面进攻。而蔡元隆部则赴杭州东面攻打重镇海宁。待部署完毕，第二日，太平军即依计从东、北、西南三面开始围攻杭州府城。

时隔一年，杭州再次陷入危机，看着城门外浩浩荡荡的大军和熟悉的军旗，城内的清军仿佛又想起了一年前被太平军支配的恐惧。而在杭州城内的最高统帅——浙江巡抚王有龄，却与之前的城内官员不一样。

王有龄，侯官（治今福州）人，"为人倜傥有奇气"，有一好友名为胡雪岩。他本为江苏按察使，在上次杭州城陷之时，他曾昼夜思谋图救，彼时统领江南大营援浙的张玉良抵达江苏，正是他面授机宜，指点攻杭的要路，助张玉良奇兵入杭，方解杭州之困。事后清廷擢升他为浙江巡抚，一直为江南的局势筹谋。殚精竭虑的结果，就是在堪堪知天命之年，他已经须发尽白。

坐镇杭州不过一年多，他又受命兼顾江苏太湖军务，亲身经历太平军猛虎般的攻势，连日来只听得太平军攻陷苏州、常州、嘉兴、诸暨等城，浙江省诸城市得得失失、来来去去，及至李秀成带兵打到眼前之时，他早已有了心理准备。

太平军兵临城下，王有龄没有如前任巡抚那般惊慌失措，而是下令紧闭杭州各城门，顽强坚守。

此时杭州城内有兵丁近十万，驻军并不算少，然而绝大多数都曾与太平军打过交道，对其的悍不畏死可谓记忆犹新，听闻外面又是李秀成的兵，大多都心存畏惧。

虽然王有龄下令坚守奋战，但大部分兵士只是做做样子，倚城墙之险，不敢露头。而太平军却没有这样的心理负担，李秀成一面命令诸路大军猛烈攻打，一面以令箭绑了招降书射入城中，他针对不同身份的人发出不同的招降书，许诺投降好处，从身心两方面压制清军。此时清军心中尚有一线希望，并未动摇。

九月下旬，太平军前锋占领了杭州武林门外卖鱼桥，截断了杭城西北水陆交通，杭州被困。幸而求援信号早就发了出去，清浙江提督饶廷选、布政使林福祥各率清军自诸暨撤回杭州。

援军的到来为杭州的守军打了一剂强心针。王有龄命饶廷选统领城内守军，分路防守；命林福祥率三千兵勇驻守望江门，防守钱塘江水路；又命副都统杰纯在岳坟、苏堤一线阻击。次日，林福祥部立营江口，杭州守军做好了迎战的准备。

十月初，李秀成部继续发动进攻，自卖鱼桥向岳坟推进，又由岳坟经苏堤向南屏前进。奉命驻守岳坟的杰纯率西湖水师炸断苏堤上的玉带桥，以炮船前后夹击，一时间西湖上硝烟连天，太平军伤亡巨大，血染西湖，不得不撤退回九里松。

然而如此一点小小挫折自然不会让太平军就此放弃，他们退守九里松后，又转道由九里松、朱桥攻入了平江堡。另一边，李秀成命部将童容海率军绕过清泰门，向驻守在江口的布政使林福祥部发起强攻，林福祥部虽然奋力抵抗，但依然抵挡不住，只能败退入城。

次日，李秀成命陈炳文、童容海等部将率领数万太平军，再由朱桥向馒头山发起猛攻，扎营在馒头山上的清军副将杨金榜统兵五千人进行抵抗。太平军奋勇冲杀，前赴后继，清军亦不遑多让，誓死抵抗，然而依然是太平军的战意更胜一筹，馒头山上的清军营垒被一举击破，副将杨金榜、王振声战死。

打下馒头山后，太平军一鼓作气，乘胜攻破了望江门、候潮门和凤山门外的清军营垒。而此时，驻守在万松岭的饶廷选部也不敌太平军的攻势，五千余名兵勇仓皇逃入城内。清军第一支援军守城失败，纷纷败入杭州城，城外太平军欢呼雀跃，城内却一片阴云密布。

曾于上次天京之围一战中与李秀成打过照面的清军提督张玉良再次扛起重任，率清军援杭，他日夜兼程抵达杭州，屯兵江干。总兵文瑞、副将况文榜部清军则自浦江撤至杭州，一路冲过太平军的封锁线，由凤山门冲入城内，成为第一支通过太平军冲进杭州的清军援兵。

李秀成得知有清军突入重围杀进城中，于当夜命部下筑垒兵营数十座，并从海潮寺至凤凰山环筑木栅，将杭州十门团团围住，以断绝城内外的粮饷交通。意识到杭州被包围，城内清兵的士气一落千丈，惶惶不安，度日如年。

已将杭州围成铁桶一个，李秀成还不满足，他还命部下向杭州周边地区扩展势力，先后攻占了安吉、分水、孝丰、武康、德清、长兴、富阳等地。杭州周边的城市一个接一个沦陷，给清军援军的到来增加了不少阻碍，杭州成了荒原中的孤城，愈发孤立无援。

此时杭州城中，进攻还在继续。

十月中旬，李秀成故技重施，如之前为解天京之围而突袭杭州时一般，命部下在凤山门、清波门挖掘地道，准备工程，占领西湖周围诸山，控制杭州制高要隘，同时还不忘率军占领湖心亭，作为水上据点，从水陆两栖控制西湖。

清副都统杰纯本统领西湖水师驻扎西湖，当然不能坐视太平军全面控制西湖区域，当即对湖心亭发动进攻，企图夺回控制权。然而太平军早早占据了有利地形，其士兵又悍不畏死地奋战，清军多次想反扑，均被打退。

后来，杭州被围困的消息终于传到了清廷。杭州一旦陷落，落入敌手，整个江南地区都会失控，清政府立刻任命钦差大臣、两江总督曾国藩统辖江苏、安徽、江西三省并浙江军务，着杭州将军瑞昌帮办，命左宗棠速速赶赴浙江，剿灭太平军。为确保不重蹈之前大京之围时指挥混乱的覆辙，浙江省提镇以下官员均归左宗棠调遣，又令江苏巡抚薛焕从上海运送军火、粮饷接济杭州。

八方支援，看似东风已至，清提督张玉良决定对太平军发动攻击，他身先士卒，清军近乎悍不畏死地对太平军的木栅发动攻击。太平军在木栅内架设起炮台向外轰击，张玉良不幸中炮，战死。

提督张玉良，就实以论，是个悲剧人物。

自江南大营第二次重建以围天京，他作为提督，也算春风得意。谁料遇到李秀成这个半路杀出的程咬金，竟然奇袭杭州以"围魏救赵"，他受命带兵援浙后，"成功"被调虎离山。及至到达杭州之时，虽然名义上是"救了"杭州，实则中了李秀成的计，天京之围失败不说，江南大营也被再次摧毁，他在江南大营的同僚张国梁、和春全部战死。

之后张玉良的路十分坎坷，十战九输，一路被降职，以至于原本职位低于他的杭州将军瑞昌都成了他的上司。自此他麾下军心涣散，已经难以重振旗鼓，而这一切的根源，就是李秀成。

可以想见如今再次在杭州见到李秀成，他是一种怎样悲愤的心情，如斯身先士卒，战死于杭州城外，既是一种悲哀，也能算作一种圆满。套用后世爱用的一句话——愿他的天堂没有李秀成。

张玉良战死后，副将况文榜接过了指挥棒，继续统领张玉良的旧部攻打太平军木栅。与此同时，清守备林寿春会同总兵文瑞也在合攻太平军的罗木营，然而太平军英勇反击，林寿春战死，清军败退。

十一月初，一直在西湖率领清军西湖水师的副都统杰纯，带兵在凤凰城下与太平军鏖战，然而经过之前数轮战斗，已经难以为继，终于还是被太平军打败，也退入了城中。

连日战败大大地挫败了杭州驻军的士气，经过李秀成多日的招降令箭"洗脑"和太平军的实力压制，驻守钱塘门、清波门外的文瑞部终于抵挡不住巨大的压力，有数千人投降了太平军。同时，李秀成部将童容海派将士到布政使林福祥部诈降，待林福祥接收他们后，突然率领部队发动袭击，太平军里应外合，轻而易举地攻破了林福祥营垒。

自此，杭州城外的驻军尽皆败退，城内清军亦断了粮饷，士气低落，对清军来说，杭州之围看起来是难以善终了。

为了能继续有一战之力，巡抚王有龄不得已，命官吏"挨户劝捐，悬立重赏"，并"选募敢死之士，以期速通饷道"（《庚辛泣杭录》卷十五）。此令一下，杭州城内的清军立刻以征军粮为由，开始到城内市民家中搜刮食物，清军素来横行，否则也不至于有太平天国运动，如今围城之下，还抢掠勒索宛如凶贼，惹得民怨沸腾。城外敌军压境，城内兵民矛盾升级，也变得剑拔弩张，杭州城内忧外患，几乎濒临绝境。

此时城外，李秀成也没到能坐享其成的程度，左宗棠到来的消息已经传入了他的耳朵，虽然此时那位被后世称为"晚清中兴四大名臣"之一的左宗棠尚未声名鹊起，然而背后是两江总督曾国藩这个事实也足以让李秀成不敢小觑这股援军。他当即命辅王杨辅清率军自淳安、开化入皖，扼守要隘，以阻击援浙湘军。

外援被堵截，杭州城内弹尽粮绝，岌岌可危。外界人士亦关心杭州城内情况，纷纷在暗中支援杭州：有湖州豪绅赵炳麟由上海运米粮三千石、火药二千斤、洋枪洋炮百件来杭，但是船在海面被飓风吹退；还有著名的红顶商人胡雪岩，他本就是王有龄好友，如今自然更加忧心，特地从宁波运来米二万石接济杭州，然而船停在三郎庙时，却被太平军缴获。

李秀成之前控制水路之举着实是在杭州城的危局上加了一根稻草，杭州的前途愈发黑暗。

城内的将士没有放弃希望。王有龄得知太平军在清波门挖地道，欲如之前那般用地道攻城术，即令清军在城内也掘地，安放大瓮，强抓了盲人趴在地上听瓮声，以监听地穴的动静，防备太平军通过地道攻城。面对来犯的太平军，他令清军用水龙向太平军喷射桐油、射火箭，以火攻之。为了防止有城内民众通敌，他加强了对军民的管控，调整保甲，胡乱抓杀奸细，城内愈发人心惶惶。他甚至还通过上海的吴煦与外国领事联系，妄图借助洋兵来杭"助剿"太平军。可谓是为了守城，殚精竭虑，无所不用其极。

李秀成当然不会坐等杭州守军再次振作起来，他开始发动总攻。

当太平军从西湖攻涌金门清军水师营时，清军已经闻风丧胆，而紧接着李秀成麾下主将谭绍光、邓光明、陈炳文、郜永宽、童容海等率领太平军强攻凤山门、候潮门、望江门和清波门后，守城清军被左右夹击，早已无力迎战，太平军如入无人之境，径直杀入城内。

巡抚王有龄虽然努力组织反击，但是军心已经涣散，回天乏力。王有龄见大势已去，终究只能一声叹息，回到衙门后服毒，却没死成，最终只能在房中自缢，可谓以身殉城。同时殒命的还有布政使麟趾，按察使宁曾纶，提督饶廷选，总兵文瑞，盐运使庄焕文，粮道道员遍福，候补道员胡元博、朱琦、彭斯举，等等。布政使林福祥、已革总兵米兴朝等官员被太平军俘获。

李秀成派兵追击清总兵罗大春，况文榜、吴再升部，清军望风而逃，杭州驻军死的死、跑的跑、降的降，几乎被清空。

杭州城内仅剩下满营战力尚存。

满营乃杭州城内八旗子弟驻防之地，是清朝在重要城镇圈出的兵营，也是目前杭州城内最后一个拥有战力的据点。太平军冲入杭州城内后，乘胜包围了满营，此时的满营将军为杭州将军瑞昌，亦是在一年多前的天京之围中与李秀成对峙多日的人，如今宿敌相见，分外眼红之余，却也不得不感叹历史总是惊人的相似。

李秀成早已胜券在握，不欲再多费力气，干脆致信瑞昌，劝其率军撤离杭州，不要作无谓的抵抗。而瑞昌早在之前杭州之战中就已经彰显其风格，毫不犹豫地拒绝了李秀成的提议，继续负隅顽抗。李秀成自然不再客气，当即率军攻打满营，很快便打败满营旗兵，瑞昌、杰纯、关福等自杀身亡，满营清军纵火自焚、投水自尽或被杀者数万人。

十二月，自李秀成出发攻打杭州约三个月，李秀成率领的大军第二次占领了杭州府城。

这一次，他们不会再主动撤退了。

三城相守，江南大地战火燎原

时光荏苒，咸丰十一年（1861）杭州的硝烟还没彻底退散，同治二年（1863）的战火却又燃了起来。

两年时间，足够发生很多事情。

攻占杭州及浙江大片土地似乎成了太平天国最后的辉煌，之后整整两年，不管是收复安庆，还是进攻上海，抑或是西进四川，都无一胜利。清廷逐渐加重了镇压太平天国的砝码，除了总领镇压任务的钦差大臣曾国藩，又派出李鸿章进攻江苏南部，左宗棠进攻浙江，如此一来，后世公认的"晚清中兴四大名臣"，除张之洞外，已到位其三。

堪称天团级别了。

早在咸丰十一年（1861）杭州被占领之时，左宗棠就已经受曾国藩之命总领浙江军务，如今两年过去，太平天国连番折腾，实力已经大不如前。翼王石达开远在四川，攻下杭州的忠王李秀成则奉命北渡长江，与石达开并称为太平天国两大"勇猛王爵"的英王陈玉成已被凌迟处死，杭州城虽然还有三个"王"，但都不足为惧，此时不攻，更待何时？

同治二年（1863）春，左宗棠率清军进逼杭州。

此时，太平军主力部队主要部署在杭州、富阳、余杭三城，以杭州为中心，互为掎角，相互守望。而在防御方面，准备也极为充分。杭州城四周都筑有木栅，自余杭仓前、长桥起，经杭州武林门外北新关，至古荡，一路连营长达四十余里，可见太平军守城的决心。

清军当然不会直接就打到杭州面前。左宗棠率先盯上的是这个三城"铁三角"的一角——富阳。富阳县城位于杭州钱塘江上游的富春江边，是杭州南路屏障，太平军在富阳当然也是严阵以待，他们筑建城垒，设卡安炮，在县城和县城西北的新桥驻有重兵，其水师则列队于富阳城江南。

左宗棠部总兵刘培元等率水陆各军攻占桐庐后，左宗棠随即命令浙江布政使蒋益澧带领部队自萧山临浦、义桥渡江，回攻富阳。又令提督高连升、副将熊建益、道员魏喻义等沿江左北上，杨政谟率水师自桐庐顺水而下，向富阳县城进军。

能跟随左宗棠南征北战的，也必是善战之辈，杨政谟在左宗棠麾下，也属一员猛将，得令之后，当即率水师进攻富阳城南的太平军水师，双方战于富春江之上，打得炮火连天，各不相让。清军兵强船坚，经过一番鏖战，击毁了太平军战船数百艘，夺取炮舰十余艘，太平军水师全军覆没，清军大胜。

水路大捷，陆路也不遑多让，浙江布政使蒋益澧、道员魏喻义这一路清陆军前往攻打新城，太平军力战失利，退出了新城。清军乘胜追击，左宗棠部将总兵高连升和道员魏喻义会师，率军进攻富阳新桥。

本驻守余杭的康王汪海洋率太平军迎战。

康王汪海洋，太平天国晚期的著名将领，骁勇善战，有太平天国后期"擎天一柱"之称。他原本隶属翼王石达开，但是在 1860 年随保王童容海一道脱离了石达开，与忠王李秀成会师，进军浙江，攻克杭州，镇守余杭，受封为康王。其人每战必身先士卒，乃太平天国后期的中流砥柱，这次清军分三路围攻富阳，他带兵迎击清军，将他们拦在富阳新桥之外，并打死了都司王宗元，清军进攻受挫，被阻滞在新桥附近。

然而天时不佑太平军，恰逢春暖花开之际，富春江阴雨不断，导致江水暴涨，潮汐汹涌。左宗棠当即命令宁波水师游击将军布兴有、布良带率领水师战船由鳖子门入钱塘江，至富阳助战，并命令魏喻义率精兵驻防新城。

富阳防守压力陡增，忠王李秀成闻报，急令听王陈炳文、归王邓光明率所部将士支援富阳守军。清军怎能坐等太平军援军到达？清军蒋益澧、高连升、熊建益部再次进攻新桥，太平军汪海洋部力战不敌，败退富阳城内。太平军听王陈炳文部和归王邓光明闻讯，分别自江苏常熟和石门疾驰而来合援富阳，企图阻击左宗棠部。

四月，陈炳文与汪海洋合师攻打魏喻义部清军于富阳青云岭，清军守备刘立号战死，魏喻义率军败退。太平军乘胜追击，在山上雾气弥漫之际，偷偷翻越青云岭，向蒋益澧、熊建益两部发起突袭，清军猝不及防，仓促迎击，熊建益身先士卒，不慎被杀，清军大败。提督高连升、道员杨昌濬闻讯大惊，连忙率军赶赴富阳支援，仅救到蒋益澧部，并掩护其撤退。

陈炳文、邓光明率太平军紧追不舍，继续领兵攻打新城，但追击途中被短暂休整过的蒋益澧、高连升部清军击败。听王陈炳文还待再接再厉，却突闻清军水师副将杨政谟率水师进袭杭州，急忙率军自富阳退守杭州，双方再次进入相持阶段。

一转眼，半年过去了，清军持续进攻富阳，损耗甚大，"军仅万余人，皆病疫，宗棠亦患疟困惫，富阳围久不下，乃简练旧浙军，兼募外国军助之攻"（《清史稿》卷四百十二《左宗棠传》）。

没错，因为战局胶着，又有忠王李秀成攻打上海在先，早已引起了当时控制上海的西方列强的不满，又因太平天国以基督教的名义建立，且影响了欧美的在华利益，西方列强对太平天国的态度从原本的坐山观虎斗变成了反对。

为了骗取清政府的巨额军费，也为了维护自身利益，西方列强向清政府提供了一支洋人组建的军队，以美国人华尔为首，全队使用西方的枪支弹药，时称"洋枪队"，虽然多为浑水摸鱼之辈，但在上海确实给太平军造成了不小的麻烦。

怒涛卷霜雪 HANG ZHOU

美国人华尔于 1862 年已经被太平军打死，然而这个合作方式却被其他列强借鉴了过来。在清军攻打浙江之时，西方列强趁机毛遂自荐，这一次，是法国人中标。一个叫德克碑的法国军官率领一千五百名"常捷军"，从上海赶赴富阳，支援左宗棠。驻守富阳的太平军压力陡增，不得不日夜坚守，抵抗清军进攻。

七月，法国军官德克碑率领的常捷军到达富阳，左宗棠亲临前线，再次指挥军队攻打富阳。他命令游击将军徐文秀等部攻打鸡笼山，令水师副将杨政谟部与德克碑部登岸，进攻富阳东门，又令副将刘清亮等部配合攻城。清军待部署完毕，便即刻行动了起来。

八月初，清布政使蒋益澧督令副将刘清亮、游击将

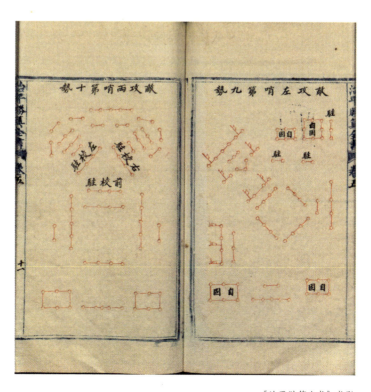

《治平胜算全书》书影

军徐文秀、余朝贵和参将李运荣、水师副将杨政谟部，在德克碑带领的常捷军配合下，从四个方向围攻富阳城。

战斗持续了一天一夜，富阳城外的太平军卡垒被清军全部攻破，第二天午后，太平军再难抵挡清军的攻势，只能突围、撤离，退走余杭，清军自此占领了富阳。提督高连升和道员康国器部乘胜攻克新桥，开始往杭州、余杭进军。持续半年的富阳之战，以清军胜利收尾，太平军仅剩下杭州、余杭两个据点。

风水轮转，两强相争必有一果

富阳失守，拱卫西南重镇的铁三角仅剩下余杭与杭州了。

太平军此时战意尚存，听王陈炳文、钦王谢天义和康王汪海洋经过商议，决定死守杭州、余杭一线。其中以陈炳文为帅据守杭州，余杭以汪海洋为将，分点据守，整军备战。

八月，左宗棠派遣道员魏喻义、康国器部进攻余杭，钦王谢天义率军迎战，然而寡不敌众，阻击失利，其镇守的青山营垒被清军击毁。康王汪海洋甫一得知谢天义遭到攻击的消息，便立刻带兵驰援，只是援助不及，谢天义大败后他方才赶到余杭，恰与追击而至的魏喻义、康国器部撞上，双方发生激战，成功击退清军。

余杭这边战火不断，杭州也难以自安。八月下旬，蒋益澧率游击将军徐文秀及骑兵到达杭州城下，驻扎法华山。高连升部亦进入杭州境内，在凤凰山上万松岭扎营，两部遥遥相望，对杭州已成半包围之势。

原本驻扎杭州的归王邓光明自杭州率兵前往支援余杭，然而途中遭到清军截击难以前进，只能退回杭州，却阴差阳错得以在杭州驻守，与及时退回杭州的康王汪海洋部会至一处。

此时恐怕有人要问：为何太平军有那么多王？

太平天国建立之后，其创始人洪秀全热衷于封王，除了本家亲戚全都封王，连广西广东跟出来起义的同袍也都封王，到后来凡有些许军功的人都接连被封王，甚至连其长兄洪仁发刚出生的小儿子洪雕元，还未牙牙学语，也被封了个同王千岁。如此传统奉行几年后，直接导致太平天国处处有王，仅天京一个城内就塞了成百上千个王，堪称声势浩大。

虽然王也分等级，但是如此"大王"泛滥的，放眼历史，也就太平天国独一份了。

清军陆陆续续到达了杭州城外，布政使蒋益澧也率兵在杭州城西建造营垒。城内太平军与过去的杭州守军不同，自然不会坐以待毙，见城西新建营垒，听王陈炳文、归王邓光明当即统领万余名太平军将士从馒头山、凤凰山、九曜山、雷峰塔四路攻击蒋益澧营垒。然而蒋益澧部此时与德克碑率领的洋枪队"常捷军"会师一处，在常捷军的支援下，成功击退太平军。陈炳文所率太平军随后又与蒋益澧部副将王月亮所率清军大战于九曜山、万松岭等处，双方交战十分激烈，都寸土不让，最后实在难以分出胜负，遂各自退守。

就在清军将领王月亮与听王陈炳文在杭州打得难舍难分的时候，清军道员康国器、魏喻义和刘清亮部趁机向余杭发起攻击，太平军将士浴血奋战，双方进行了激烈的炮战，钦王谢天义中炮身亡，余杭岌岌可危。

清军在左宗棠的指挥下，即使双线作战也依然有条不紊。九月，蒋益澧令刚与听王陈炳文交战过的王月亮部驻扎天马山，另一个部将宁世杰驻扎南屏山，罗山纲部驻扎翁家山等要点，构筑营垒。而清提督高连升则率水师列队防御，以炮船分布各扼要港口，准备攻打杭州。

随后，魏喻义率先对杭州发动进攻，带兵攻破了之前被太平军占领的青山营垒。几日后，清军对余杭也发动了进攻，清军康国器部攻克了余杭城外的太平军营垒。而在余杭与杭州之间，清军也开始打通要道。九月下旬，浙江按察使刘典等率军进攻昌化，太平军迎战失利，率部出黄花关，清军占领昌化。

第二天，康国器、刘清亮率领清军击败康王汪海洋部于闲林埠。自此，在杭州与余杭之间，清军和太平军展开了激烈的拉锯战，各有胜负，互不相让。

转眼，时间已经进入了十月。然而相比之前李秀成奇袭杭州，此时的杭州已经完全变了天，不再是太平天国的天下。太平军没有气馁，依然在余杭、杭州伺机而动。

金王钟英、东平王何明亮自皖南进军浙江，经孝丰赴临安，以支援余杭，遭到左宗棠部副将刘明灯阻击，前进困难。后蒋益澧督军进攻余杭，太平军英勇抗击，打死清参将邓受福，清军败退。听王陈炳文、归王邓光明率军乘大雾出杭城，由万松岭攻打清军江干营垒。驻扎于此的高连升部与法国军官德克碑部竭力阻击，打退了太平军的进攻，陈炳文、邓光明无奈率军撤回了杭城。

眼见着杭州和余杭的战局依然胶着，十一月，闽浙总督左宗棠由富阳赶到余杭，亲上前线督战。他集结十余万水路清兵，准备攻打余杭。他令总兵罗大春自青山进兵青桥，向余杭县进逼。随后命令道员魏喻义、康国器、杨昌濬、李耀南，总兵朱明亮、刘清亮、罗大春、徐文秀等部，全部出动，从四个方向进攻余杭。

太平军据守余杭城，死战不退，守城十余日，终于击退了清军的大举进攻。后邓光明、汪海洋部在与清军蒋益澧、黄少春、杨昌濬等部鏖战于余杭仓前时，因寡不敌众，武器不占优，邓光明不慎受伤，汪海洋不得已只能率军撤出战斗。

清军如此大举进攻，耗资巨大，如此一鼓作气之下却连续十余日攻不下余杭，即便是左宗棠都深感吃不消，只能退回富阳，让杨昌濬、徐文秀留驻，"相机处置"。同时命令蒋益澧部赶赴留下，准备从西南面包围进攻杭州府城。

很快年关将至，即使江南也已经寒风萧瑟，无论是清军还是太平军，都已经身心俱疲，然而战斗却愈发激烈。

十二月，清军蒋益澧、杨政谟、高连升等部水路清军会同法国军官德克碑部的常捷军，突然向杭州发动联合进攻，短短两日就攻破太平军城外的十余座营垒。在余杭战区，左宗棠则坐镇横溪镇，亲自督令各军猛攻余杭县城，杨昌濬、康国器部则从东西两路发动进攻，摧毁余杭县城外太平军营垒。

十二月下旬，清军杨昌濬、康国器、魏喻义、刘璈、黄少春、刘清亮各率所部，倾巢而出，分多路一起进攻余杭县城，连破余杭杨家桥、何家陡门等各要隘。太平军在康王汪海洋的率领下奋勇反击，寸土不让，在每一个城门、每一条街道与清军鏖战，大败杨昌濬、黄少春等部于余杭临清堰，并打死了清副将余佩玉、参将张明远等七名将领，清军大败，退出余杭。

在杭州，战事也正如火如荼。清军水师在总兵刘培元率领下，由慈云岭偷渡入西湖，结水寨于净慈寺，伺机攻打杭州西湖沿线。清军在余杭大败后，驻守杭州古荡的太平军攻破了高连升部的秦亭山营垒。同治二年（1863），从开春打到年关，整整十个月，清军除了攻下富阳，对于余杭和杭州，除了消磨其战力，再无任何进展。

转眼，时间进入同治三年（1864），太平军依然占领着杭州。

在战火连天的岁月，似乎过年的烟花也只能用硝烟来替代了。清军大军驻扎余杭和杭州，越拖消耗越大，对城内的太平军及百姓亦是同理，双方都急于结束这场旷日持久的战争。

同治三年（1864）正月，清提督高连升、总兵刘连升部在德克碑常捷军的配合下，攻破杭州望江门外太平军营垒三座，直逼杭州城下。守城太平军英勇抗击，将清军拦在门外。德克碑不甘心失败，又在接下来的十天屡次进攻杭州，但是凭多路清军都做不到的事，对常捷军又谈何容易，数次进攻均被击退。而在余杭的道员康国器部也屡次率部袭击余杭太平军营垒，均告失败。开年屡败，对清军来说似乎并不是个好兆头。

屡次进攻不成的清军并没有闲着，开始往周边城镇迂回，攻下嘉兴府城后，余杭四面被围，清军再次集中主要兵力攻打余杭、杭州的太平军。道员康国器率领的清军屡战屡败，屡败屡战，遭到太平军的奋力抗击。清参将古捷芳、游击将军蔡盛恩等将领战死，康国器部人员伤亡巨大，只能败退。

余杭战事失利，清军看来似乎只能在杭州拼命找回场子了。二月下旬，清布政使蒋益澧率高连升、刘连升、刘清亮等部和法国军官德克碑部常捷军开始联合猛攻杭州府城。很快，古荡、观音塘等十余座太平军营垒都被攻破，自此杭州城外的太平军营垒几乎全军覆没。

杭州仅剩一面城墙，德克碑命常捷军用火炮猛轰凤山门，将城墙轰塌数丈。太平军将士眼见清军就要冲进杭州，舍生忘死堵截过去，拼死抵抗，竟然硬生生堵住了凤山门缺口，打死、打伤常捷军数百人，连坐镇指挥的清提督高连升都被打伤了。

然而一旦城破，事败似乎已经成了必然。清军发起了总攻。

杭州那些竖立千年的城墙和一道道城门，再一次亲眼见证了时代的血腥与火焰。

清军将领徐文秀、刘清亮、王月亮、刘连升、高连升等部和德克碑部常捷军分别攻打钱塘、凤山、候潮、清波、望江、清泰诸门；布政使蒋益澧等部则攻打庆春、艮山、武林诸门。杭州一时间被火光包围，四面皆是硝烟和枪炮声，全城处处皆是战火，到处可见兵刃交加，横尸遍地。

太平军奋不顾身、终日力战，将士伤亡惨重。连年的包围，他们早已弹尽粮绝，如此奋战全靠一腔热血，然而终究难以抵挡清军如狼似虎的攻势，枪炮如雨，血流成河，杭州近乎成了一个人间炼狱。

清军对杭州的总攻发起仅一天，太平军就已经难以抵挡，次日，听王陈炳文、归王邓光明见大势已去，终于放弃了对杭州的死守，率所部从武林门突围，退走德清。次日，走脱不及的比王钱贵仁献城投降。

杭州既失，独守余杭唯有死路一条，余杭守将康王汪海洋率军撤出，退走德清，与听王陈炳文、归王邓光明汇合一处，太平军在浙江的势力彻底丧失。

历时一年，太平军的杭州保卫战终告结束。

无论清政府还是太平天国，铁打的杭州，流水的兵，权与欲的碰撞宛如带着枪炮声的鸣响，至今绕梁，其中合鸣的嘶吼与呐喊成了盛世的乐章。安平之下，徒留忠骨处处，青山环绕，曲水流觞。

杭州光复，共和之光照亮天堂

太平天国之后，清朝的衰亡宛如从下坡行到悬崖的独轮车，一路跌跌撞撞地下滑，陡然间飞速坠入无尽的黑暗。

清廷腐败，列强欺压，百姓贫苦……内忧外患接踵而至，若没有一次质的改变，这个庞大的帝国，这个拥有悠久历史的民族，似乎只能走入深渊，再没回头的机会。

革命，迫在眉睫。

每每提到辛亥革命，或许人们总会想到武昌，想到第一声枪响，想到它推翻了统治中国几千年的君主专制制度，或是说它推动了中华民族的思想解放……

然而很多人可能会忽略一点，那就是这不仅是一场改变中国历史的革命，它还是一场席卷全国、全民族的革命。在这场前无古人的革命运动中，每一个人的家乡都应拥有名字，它可以是上海，可以是南京，自然也可以是杭州。没有人能够在看到"辛亥革命"四个字时觉得遥远和事不关己，因为很有可能你一抬头、一转身，会发现自己的身边，就曾经留下过这场伟大革命的痕迹。

但是，这场席卷全国的革命，究竟是怎么在自己家乡发生的呢？

清宣统元年（1909），夏。

杭州如往年一般在炎热中绽放着美景，青山环绕，绿树成荫，西湖的荷花已经连片盛开，蝉鸣阵阵，热气腾腾。

街上的行人熙熙攘攘，接踵摩肩，不管外面如何风起云涌，生活总要继续，他们为生存忙碌着，奔波着，完美诠释着芸芸众生的生活百态。

那些看似寻常的人中，总有那么一两个特别的人，心中酝酿着比灼热的阳光还要热烈的情怀，眼中看到的是远比视界更广阔的天地。

该变一变了，这麻木的生活。

该动一动了，这黑暗的世道。

怀着同样的信念和决心，几个看似普通的人，悄悄地走到了一起。

吕公望、朱瑞、顾乃斌、韩绍基、庄之盘、朱健哉……浙江的光复会成员和同盟会成员在这炎热的夏天聚到了一处，他们已经嗅到了从四面八方飘来的大变动的气息，并为此激动难抑。他们不愿落于其他地区的志士之后，干脆组成了一个领导小组，决心在杭州干一票大的。

为此他们早已做好了准备。此时武昌起义还没开始，但是革命的气氛已经蔓延全国。那些驻杭的新军、宪兵队和巡抚卫队、巡防营中，已经有大批中下级军官成了革命党人，驻杭新军基本上已经为革命党人所控制，其力量已经超过清政府控制的巡防营和旗营的兵力。

有一战之力！那些革命党人心里如此笃定着。即便没有，那也必须一战，因为时候到了！

革命的气息在城中如地底的岩浆一样缓缓流动，只等着一声枪响，便能骤然喷涌出来，席卷整个中国！

终于，1911 年 10 月 10 日，辛亥革命在武昌打出第一枪，中国的资产阶级民主主义革命开始了！

全国革命党人纷纷积极响应，如火如荼的革命战火骤然燃遍中华大地，杭州的革命党人自然也坐不住了。10 月 12 日，上海同盟会负责人陈其美和庄之盘、姚勇忱从上海来到杭州，决定拉隔壁革命小伙伴一把。在杭州的革命党人早已急不可耐，朱瑞、顾乃斌、褚辅成、葛敬恩、俞炜、吴思豫、童保暄等人和上海的来客在第二天就齐聚西湖白云庵，密议要响应辛亥革命的号召，迅速起义，推翻控制杭州的清政府，在杭州点燃革命的火种。

为了敲定具体起义的事项，在确定起义意向后，他们又在西湖凤林寺（今杭州饭店址）、湖滨二我轩照相馆楼上的酒馆开会，商量了接下来的行动方针。紧接着又在吴山四景园开会研究细节，通过反复演练，终于拟定好了在杭州的革命计划。

革命，革命，自然是用命革出来的。武昌的枪声给了他们行动的方向，光凭几个革命党人当然无法成功打倒成千上万的杭州清廷驻军。为了聚拢人力和钱粮，他们派吕公望赶赴缙云，秘密组织革命党人武装开赴富阳，并召集各地会党来杭，以策应和加强杭州的革命活动。

得知杭州筹备革命的消息后，10月27日，上海派黄郛、龚宝铨来杭指导。两位正在筹备上海光复的前辈的到来，让杭州的革命党人格外振奋，他们立刻在上板儿巷顾乃斌家召集杭州的军警界革命党人开会，邀请黄郛、龚宝铨举办讲座，指导起义要领和部署经验，以及需要的准备工作。通过商议，他们暂定起义时间在11月3日至7日之间，设立机关部等。

为了支援杭州革命，上海方面可谓不遗余力，不仅派来了得力干将黄郛和龚宝铨，还进行了丰富的物资支援，先后送来了炸弹五十枚、手枪二百五十支、子弹三万发、银圆四千元，又从海宁商团借来了子弹六千发，以支持杭州的武装革命。

至于杭州本地的兵力方面，杭州革命党人雷家驹自告奋勇，前往抚署（巡抚衙门）卫队说服卫队长金富有，另由孔照道、祝维根做士兵的工作，劝说他们加入革命队伍。他们还联系了军械局守备队管带吴秉森，又通过吴思豫的劝说，请了刚从日本留学回来的任新军八十二标标统的周承菼加入了同盟会。如此一来，杭州举义的各项准备工作基本就绪，只欠东风了。

11月4日，上海光复。消息一传到杭州，所有人都欢呼雀跃，平民百姓们翘首期盼着革命的野火烧到杭州，清政府开始惶惶不安，杭州的革命党人则开始摩拳擦掌。他们在俞炜家召开紧急会议，决定当晚就起义。

要起义，首要任务自然是先占领抚署。虽然抚署卫队的队长金富有已经是他们的人，但是毕竟不是全部的人都加入了革命队伍。在金富有的帮助下，以抚署为主攻目标，布置各路进攻任务，指定具体的行动计划，并约定好在凌晨统一行动。

同时，在城站建立起了临时司令部，由童保暄任临时司令，葛敬恩、黄元秀等人担任参谋，由褚辅成联络谘议局陈时夏、沈钧儒、张传保负责政治方面的筹备工作，并推葛敬恩草拟浙江光复的通电、布告等。他们还设立了两支敢死队，分别由王金发、张伯岐率领，随时准备着为革命献出宝贵的生命。

事实上，参与其中的人，谁不是抱着不成功便成仁的心情呢？

11月5日凌晨，约定的时候到了。

革命之火骤然燃起，各支起义部队早已急不可耐，他们按照约定的计划准时行动了起来。八十一标马队等部队率先从艮山门入城，一路疾驰占领了电话局，割断了城内各主要电话线路，使清政府无法迅速调集兵力顽抗。

二营由其管带韩绍基率领，按时到达了涌金门至钱塘门一带旗营外，包围了旗营。陆军小学一百多名学员在队长周亚卫的指挥下，占领了城站，自此城站正式成为了革命党人的后方指挥部。

俞炜率第三营，在王金发敢死队和陆军小学部分学生的协助下，开始进攻军械局，却不慎撞上了守备队，双方发生激烈冲突，幸而守备队管带吴秉森在内响应，起义军顺利占领了军械局，取出一批枪炮弹药送往各队。

城外炮队得到接应后迅速入城，并占领了高地，架起大炮对准了旗营，用以威慑。

八十二标紧跟着入了城，由周承菼率领，包围了浙江巡抚署，顾乃斌率全营官兵助攻抚署。还占领了织造署和藩、道衙门，及大清、浙江两银行，防守城南各处。

抚署遭到攻击，自然不会轻易缴械，此时，张伯岐、董梦蛟、尹维峻、尹锐志等率领敢死队，也向抚署发动了猛烈的攻击。尹维峻率先向抚署扔出一颗炸弹，轰鸣声响起，战斗立即开始，起义部队一起向抚署正门发动了猛攻。

随后，由王金发率领的敢死队也加入了进来。抚署防守的压力陡增，加上起义军来得突然，他们猝不及防之下只能仓皇应对了一会儿便立即后撤。然而起义军早就料到了他们的对手有几斤几两，抚署官兵尚未撤退，由顾乃斌、徐卓率领的两个营已经到达抚署的左右侧和后门，将抚署官兵撤退的路堵得严严实实。

抚署的守卫部队虽然被官员催逼着反抗，然而全国四面八方的革命消息早已传入他们的耳朵，虽然现在清廷还没完全被推翻，却已经是大势已去，见后路被堵，干脆放弃了抵抗，停火倒戈，反而加入了革命军的队伍，抚署很快就被革命党人占领。

巡抚署作为清廷的衙门，平日里横行霸道草菅人命，早就引得民怨沸腾，此时见巡抚署中的官员放弃了抵抗，王金发当即指挥敢死队和起义士兵，放火焚烧巡抚署，熊熊火焰冲天而起，很快将巡抚署烧成一片焦土。

而就在巡抚署遭到围攻之时，浙江巡抚增韫见势不妙，早就乔装改扮逃出巡抚署，带着老少向巡抚署后的土山奔避。然而就在他们偷偷溜出后门一路奔逃时，中途却撞见了八十二标，被一锅端，交给了二营排长盛锡麟，押送到福建会馆看管，之后又被押解到了陆军小学内，和不久后被抓获的督练公所（训练新军的机构）参谋袁思永、织造联荣等清廷官员一起被看守了起来。其他还有众多探得消息的清廷官员，如清军二十一镇统制萧星垣、二十一镇四十一协协统蔡成勋及司道各官均直接放弃了抵抗，连夜逃遁。

11 月 5 日的太阳才刚刚升起，杭州全城除了旗兵驻守的湖滨旗营外，均已被起义军占领。

那些逃遁的城内官员已经人心惶惶，被席卷全国的革命浪潮吓破了胆。而隶属于清廷的旗营却不在其列，他们直属清廷，又一直以来自觉高人一等，绝不允许自己的地位被外面那群"平民百姓"挑战。营外炮火连天、杀声四起，他们自岿然不动，显然是打算负隅顽抗了。

革命党人就旗营问题，开会商议。"还犹豫什么！我们打都打了，为何却要在此时瞻前顾后？旗营中那群人作恶多端，罄竹难书！难不成还要放过他们？！"会议上，有人忍不住了，拍案而起。

显然在场绝大多数人都同意这位同志的意见，闻言纷纷点头，望向坐在最前面的几位。

这几位虽然有一些是因为本身握有兵力，被说服参与了革命，并在其中立下汗马功劳，方才坐在这里，但是既然已经义无反顾地参与了革命，便意味着他们本身就已经有了战斗和牺牲的觉悟，自然不是临阵退缩之人。

座上的汤寿潜，也确实有足够的资历压住在场所有人。然而汤寿潜没有说话，他们即便持同样的意见，也不想贸然行动，坏了大事。

汤寿潜，浙江山阴（今属萧山）人，本是清廷的官员，官至两淮盐运使，本来官途亨通。然而他思想进步，在见到了清廷官场的黑暗和清政府对国家苦难的无视后，决议辞官，投身实业救国的道路。当时八国联军入侵，殖民瓜分之意昭然若揭，个个如豺狼一般假借各种名头赚取清朝的白银，其中最主要的来源便是修建铁路，以至于堂堂一国的铁路，运输权却不在本国政府之手，交通上还要看列强的眼色。

汤寿潜于是振臂高呼，发起了争夺路权、由国民自己修建铁路的倡议，竟然真的迫使清廷将一部分铁路的修建权交予自己人，自此一战成名。之后他又加入要求清政府实行宪政的队伍，成为酝酿辛亥革命的领头人之一，是在场所有人的行动导师和精神领袖。

然而此时他却眉头紧锁，不发一言。

"汤先生，您还犹豫什么？"年轻人们急了，"事到临头，您莫不是后悔了吧！”

“住口！今日便是你后悔了，汤先生也不会后悔！”有人怒斥，但还是把焦急的目光投向了汤寿潜。

所有人都看着他，只等他一声令下，便即刻抄起枪支，去攻打旗营。

“我不同意。”突然旁边有人发话，竟然是周承菼。

“周先生何故临阵退缩？”

“周先生，你说说？”在嘈杂的质问声中，汤寿潜却温言问起来。

周承菼是原清军八十二标的标统，自凌晨战斗至今，面上难免有些疲色，双眼却炯炯有神：“我同意革命不惮流血，然而旗营中兵强枪足，战力与我们攻打的抚署可谓天差地别，若是贸然攻打，只是增加无谓的牺牲而已。”

“那你说怎么办？哦，不如就叫城隍山上的炮营直接轰平了他们？”

“那旗营附近的百姓怎么办？若为了胜利不择手段，伤及无辜，我们与他们何异？”周承菼反问道。

众人一愣，方才质问的人面色通红，低下了头。

“我也同意周先生的意见。”汤寿潜道，“虽然战斗仅半日，然而我们已经损失了不少同志，还有很多无辜的百姓受了牵连，若是再粗暴行事，便是赢了，恐今后亦不得民心，在百姓心中，与虎狼无异。"

"汤先生所言极是。"有人点头，面色还带着犹豫，"那，我们如何是好？总不能就这般围着，饿死他们吧？"

"他们亦知道如此强撑下去没有善果，不如我们先派人去说降，若能说服他们主动投降，那自然是皆大欢喜。"周承菼道。

"也只能这般了。"汤寿潜点头。

经过一番商议，由朱瑞、吴思豫先行去往旗营说降，这两人已是众人中最为能言可靠之辈。谁料旗营抵抗之意弥坚，他们去了几次，均未成功。汤寿潜无奈之下，又让增韫两次致函旗营将军德济，谁料等来的不是旗营投降的消息，而是一声枪响！

"什么声音？！"在附近等待的人齐刷刷站起来，面面相觑，目瞪口呆。

杭州经历大半日的战斗，早已无枪炮之声，甚至已经有胆大的市民敢出来探听消息，摆摊工作，这一声枪响，直接将气氛打回凌晨时的剑拔弩张，杭州城上空再次笼罩了阴云。

"是旗营！是旗营方向传来的！"有人发现了端倪，大声道，"莫不是他们攻出来了？"

"有可能！弟兄们！拿起武器！"

"旗营的人冲出来了！"

此时，远远有一个人跑了过来，跌跌撞撞，气喘吁吁，他直接冲进会议室，嘶喊道："他被杀了！"

"谁？谁被杀了？"

"送，送信的人！"

汤寿潜闻言，跌坐在了桌边，周承菼也面色大变。

"什么？谁干的？"这话问出之时，很多人心里已经有了答案，面容已经扭曲起来。

果然，来人喘了几口气，带着哭音道："德济！旗营的将军！德济那个狗贼！"

"什么？！两国交战尚且不斩来使，那个狗贼竟然……"

"我们以德报怨！奈何有人要以怨报德！"

"先生！我们要报仇！"

"对！此仇不报，我誓不为人！"

此起彼伏的怒喝声中，周承菼缓缓戴上了他的军帽，咬牙道："是也，此仇不报，誓不为人！"

听闻此言，众人大为振奋，纷纷举枪就要往外冲。

"且慢！"汤寿潜忽然一声怒喝。

所有人一惊，回头看他，以为汤寿潜要阻拦他们报仇，面上已经带上了失望的神色。

却见汤寿潜缓缓站起来，带头走出会议室，沉声道："先随我一道，去将旗营附近的百姓疏散了，再通知城隍山炮营。"

他在众人越来越闪亮的眼神中，冷声道："我们直接炮轰旗营！"

"哦……哦！"周围一片欢呼。

旗营将军德济以怨报德的行为直接点燃了革命党人尚未平息的怒火和战意，这回连周承菼都不愿再迁就那群不知好歹的旗人了。当即下令开放城门，让平民逃出，随即包围旗营，朝旗营开枪扫射，同时派炮队队官张国威在城隍山上对着旗营内的将军署发起炮击。轰鸣声震耳欲聋，响彻全城，炸得旗营内的旗人惊慌失措、魂飞魄散，很快就溃不成军、尸横遍野，旗营中一派惨不忍睹的景象。旗营将军德济虽然侥幸存活，但在如此的炮火压制之下，亦完全失去了反抗之心，及至下午，终于在旗营迎紫门上插出白旗，意为投降。浙军这才停止炮击，并派出穆诗樵、杭辛斋前往旗营，与旗营代表贵林谈判。

经过一番唇枪舌剑，双方达成停火协议，革命党人同意保证全营军官生命安全，作为交换条件，旗营则必须交出全营军械、马匹、印信、文件、官兵名册等，交由总司令部验收。同时与旗人约定，全体旗兵一律就地编入民籍，其中旗丁（漕运的兵丁，世袭，代代吃官粮）因无所长，入民籍后生计困难，则可以照旧由政府发粮饷，过渡一段时间再行讨论。

如此商讨结束，双方虽不至于皆大欢喜，但都得到了想要的。于是当晚，旗营驻防城门打开，全军纷纷缴械，缴出的枪炮刀械等在各营门口堆积如山，全部由革命党人接收。

封建帝制两千多年，推翻仅仅用了一天。

自此，杭州光复。

而就在此时，同样的故事正在全国上演着，中华大地上，星星点点的光芒在每一个城市逐个亮起，逐渐燃烧，扩散，照亮周边，它们连成线，连成片，逐渐燎原。那席卷的野火跨过长江，跨过黄河，直逼北京，要将整个大清帝国，将黑暗不平的封建制度，都烧成灰烬！

参考文献

1. 王茂林主编：《浙江辛亥革命史料集（第七卷）》，浙江古籍出版社，2013 年。

2. 王心喜：《辛亥革命在杭州》，《杭州教育学院学报》1991 年第 3 期。

3. 邵雍：《杭州旗营与浙省光复》，《杭州（周刊）》2013 年第 12 期。

4. 倪毅：《杭州光复》，《黄埔》2011 年 S1 期。